Peter Maria Müller

Die Bartagame

Pflege und Zucht

83 Farbfotos
11 Zeichnungen und Diagramme

Kirschner & Seufer Verlag

Für meinen Sohn Amon Sidney

Hinweis: Alle in diesem Buch enthaltene Angaben, Empfehlungen, Daten, Dosierungsan-
leitungen etc. wurde vom Autor nach bestem Wissen erstellt und sorgfältig überprüft. Da
inhaltliche Fehler nicht völlig auszuschließen sind, übernimmt weder der Autor noch der
Verlag keinerlei Haftung.

Die Deutsche Bibliothek - CIP-Einheitsaufnahme

Müller, Peter Maria:

Die Bartagame: Pflege und Zucht / Peter Maria Müller,
- Keltern-Weiler:
Kirschner & Seufer Verlag, 2002
ISBN 3-9804207-5-2

Bildlegenden:

R. Browne-Cooper: S. 10, 16, 18, 19, 25; **P. Buchert:** S. 66 Mitte links, 70; **A. Hildebrand:**
S. 65; **R. E. Johnstone** (Nature Focus): S. 15; **H. Kirchhauser:** S. 60; **M. Lepper:** S. 37 oben,
56, 58, 59; **P. M. Müller:** S. 26, 30, 31 oben, 66 Mitte rechts, 66 unten; **G. O´Shea:** S. 23; **D.
Ruf:** S. 74, 76 oben links; **Dr. H. Spörle:** S. 55; **K. Stepnell** (Nature Focus): S. 17 unten; **S.
Swanson** (Nature Focus): S. 17 oben; **S. Wilson:** S. 20, 24, 38-39, 73; **T. Winkelblech:** S. 11;
alle weiteren Fotos: **A. Kirschner.**
Zeichnungen: A. Kirschner: S. 8-9,10, 13, 15, 16, 18, 21, 23, 24, 27-28 nach COGGER (2000).
DigiFix: S. 34, 35.
Diagramme: P. M. Müller: S. 12, 14, 26.

© 2002 Kirschner & Seufer Verlag, Kreuzstr. 3, 75210 Keltern-Weiler
www.Kirschner-Seufer-Verlag.de

Printed in Germany

Inhaltsverzeichnis

Vorwort

Jahr für Jahr werden hunderte Bartagamen von privaten Züchtern angeboten. In den meisten Fällen handelt es sich dabei um *Pogona vitticeps*. Der Absatzmarkt ist groß, da die Tiere aufgrund ihres meist ruhigen Wesens für Terrarieneinsteiger empfohlen werden.

Der Ruf ein „Anfängertier" zu sein, das leicht nachgezüchtet werden kann, führt jedoch dazu, dass die Pflege dieser Tiere manchmal zu sorglos betrieben wird.

In vielen Gesprächen wurde mir von unterschiedlichsten Problemen bei der Haltung und Aufzucht von Bartagamen berichtet.

Alle Fragen oder möglichen Probleme, die eventuell bei der Pflege dieser Echsen auftreten, können in diesem Buch nicht behandelt werden. Es sollen jedoch dem interessierten Leser die erforderlichen Informationen an die Hand gegeben werden, die ihn vor möglichen Fehlern in der Haltung und Zucht seiner Agamen bewahren oder zumindest als konstruktive Anregungen dienen können.

PETER MARIA MÜLLER
Karlsruhe im Juni 2002

1. Allgemeines

Bartagamen bewohnen fast den gesamten australischen Kontinent. Derzeit sind acht Arten der Gattung *Pogona* bekannt, von denen primär *Pogona vitticeps* für die Terraristik von Bedeutung ist. Bartagamen sind sonnenliebende Echsen, die überwiegend auf dem Boden leben, aber auch gut klettern können. Charakteristisch für Bartagamen ist der relativ lange und abgeflachte Körper, der breite dreieckige Kopf, die stachelartigen Schuppen an Kopf und Flanken, die namensgebende abspreizbare Kehlhaut, die den Tieren ein „bärtiges" Aussehen verleiht, sowie ein relativ kurzer Schwanz. Die Ohröffnung ist bei allen *Pogona*-Arten deutlich sichtbar.

Australien betreibt eine restriktive Politik zum Schutz der heimischen Flora und Fauna. Dies hat zur Folge, dass aus Australien keine Tiere exportiert werden dürfen und somit die Terraristik außerhalb des fünften Kontinents auf Terrariennachzuchten angewiesen ist. Bartagamen

P. mitchelli

P. minor

P. minima

P. nullarbor

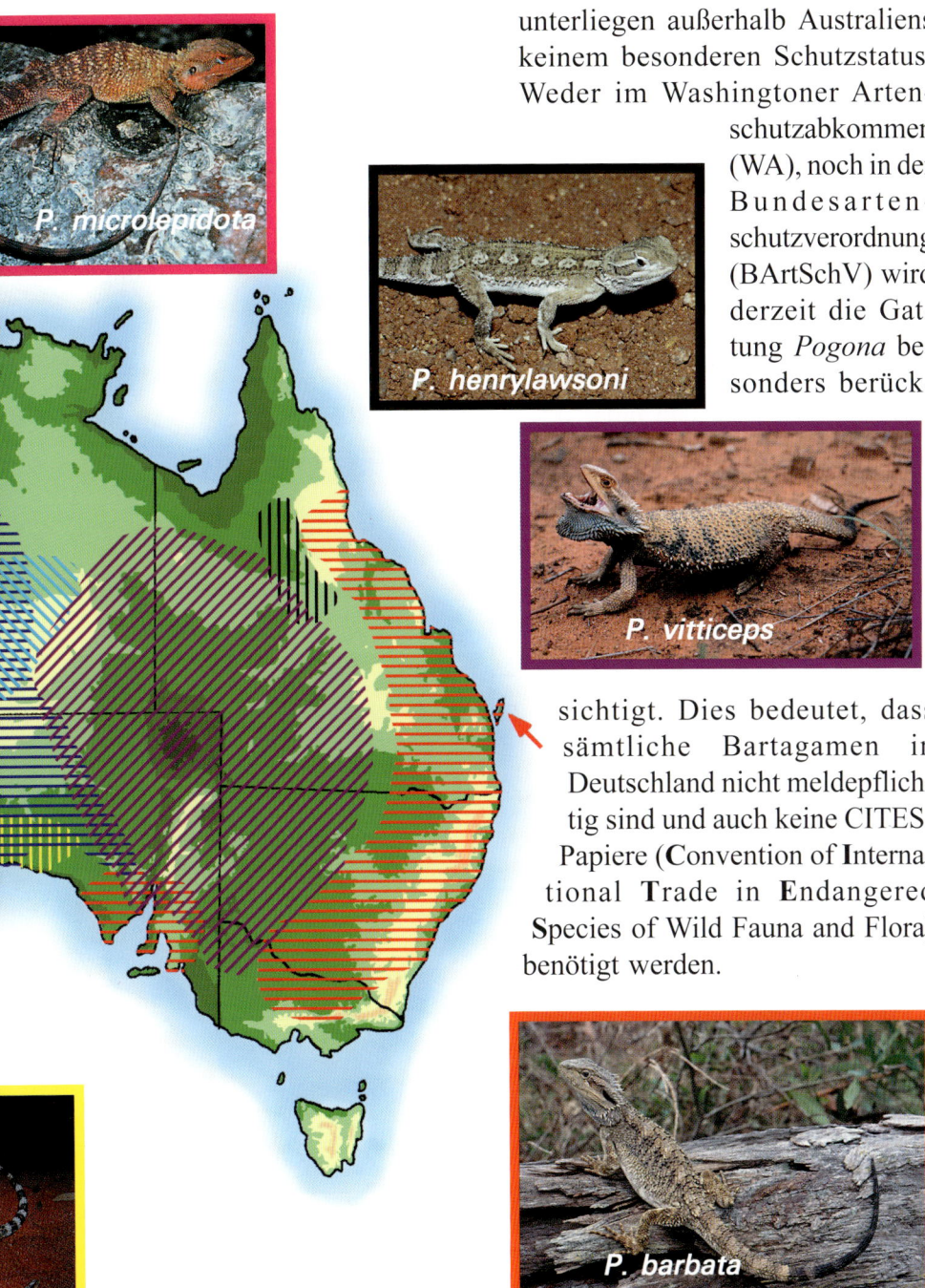

P. microlepidota

P. henrylawsoni

P. vitticeps

P. barbata

unterliegen außerhalb Australiens keinem besonderen Schutzstatus. Weder im Washingtoner Artenschutzabkommen (WA), noch in der Bundesartenschutzverordnung (BArtSchV) wird derzeit die Gattung *Pogona* besonders berück-

sichtigt. Dies bedeutet, dass sämtliche Bartagamen in Deutschland nicht meldepflichtig sind und auch keine CITES-Papiere (**C**onvention of International **T**rade in **E**ndangered **S**pecies of Wild Fauna and Flora) benötigt werden.

2. Beschreibungen

Auf der Suche nach der Gattung *Pogona* STORR, 1982 wird man beim Studium der älteren Literatur nicht fündig werden, da diese Echsen erst 1982 der Gattung *Pogona* zugeordnet wurden. Der neue Gattungsname *Pogona* setzte sich in der Terraristik nur langsam durch. Deshalb ist es ratsam auch unter dem zuvor verwendeten Gattungsnamen *Amphibolurus* zu suchen. Zusätzlich wurden häufig die zwei Arten *P. barbata* und *P. vitticeps* miteinander verwechselt.

Bei den folgenden Beschreibungen der einzelnen Arten wurden bekannte Fundorte bzw. -gebiete eingearbeitet um eine bessere Abschätzung der eigentlichen geographischen Verbreitung zu ermöglichen.

2.1. Gewöhnliche Bartagame *Pogona barbata* (CUVIER, 1829)

Pogona barbata, Wooroolin, Queensland.

P. barbata, Noosa Heads, Queensland.

Pogona barbata kommt in Queensland, New South Wales, Victoria und South Australia vor. Sie bewohnt primär die feuchten Küstenstreifen. Nur im Bundesstaat Victoria liegt die Verbreitung abseits der schroffen, kargen Küste. Die nördlichste Verbreitung liegt auf der Höhe von Cairns, Queensland und erstreckt sich im Süden bis nach Horsham, Victoria. Der Verbreitungsstreifen in Nord-Süd-Richtung ist ca. 150 km breit. In West-Ost-Richtung beschränkt sich das Vorkommen in South Australia auf einen breiten Streifen von der östlichen Landesgrenze bis nach Eyre Peninsula mit einer nördlichen Begrenzung bei Port Augusta.

Innerhalb ihres großen Verbreitungsgebietes bewohnt die Gewöhnliche Bartagame sowohl tropisch geprägte Landstriche als auch kühlere baumbestandene Buschsteppen. Lichte Trockenwälder mit Eukalyptusbäumen und Spinifexgras, durchsetzt mit freien Flächen stellen jedoch ihr bevorzugtes Biotop dar.

Die Gewöhnliche Bartagame weist eine durchschnittliche Kopf-Rumpf-Länge von 25 cm und eine Schwanzlänge von 30 cm auf. Vereinzelte Exemplare können aber durchaus eine Gesamtlänge von 70 cm erreichen.

P. barbata ist von schlanker Gestalt und besitzt besonders kräftige Stachelschuppen am Bart und an der Hinterseite des Kopfes. Die Flanken sind mit vier Reihen Stachelschuppen besetzt, die unmittelbar hinter dem Vorderbein beginnen. Die Ohröffnung ist gut sichtbar und von dreieckiger Form.

Die Färbung des Rückens reicht von fahlen Grautönen bis zu annähernd schwarz. Die Bauchseite ist weiß bis cremefarben und zeigt ein Ozellenmuster (Augenflecken). Vom äußeren Augenwinkel bis zur Ohröffnung verläuft ein dunkler Streifen. Die Mundschleimhaut von *P. barbata* ist sulfatgelb gefärbt. Jungtiere weisen auf der Schnauze drei Punkte auf, die im Laufe der Zeit verblassen.

Pogona barbata ist in menschlicher Obhut nicht sehr häufig. Da sie nur selten zum Verkauf angeboten wird, ist sie für die Terrarienhaltung von untergeordneter Bedeutung.

Sie ist nicht nur ein seltenes Terrarientier, auch ihre Nachzucht ist schwierig. Die Probleme bei der Nachzucht liegen unter anderem in den schwierig nachzuahmenden klimatischen Bedingungen und in den unterschiedlichen Klimazonen des in Nord-Süd-Richtung riesigen Verbreitungsgebietes. Deshalb ist die Zusammenstellung von Tierpaaren, die den selben klimatischen Bedingungen entstammen sehr schwer.

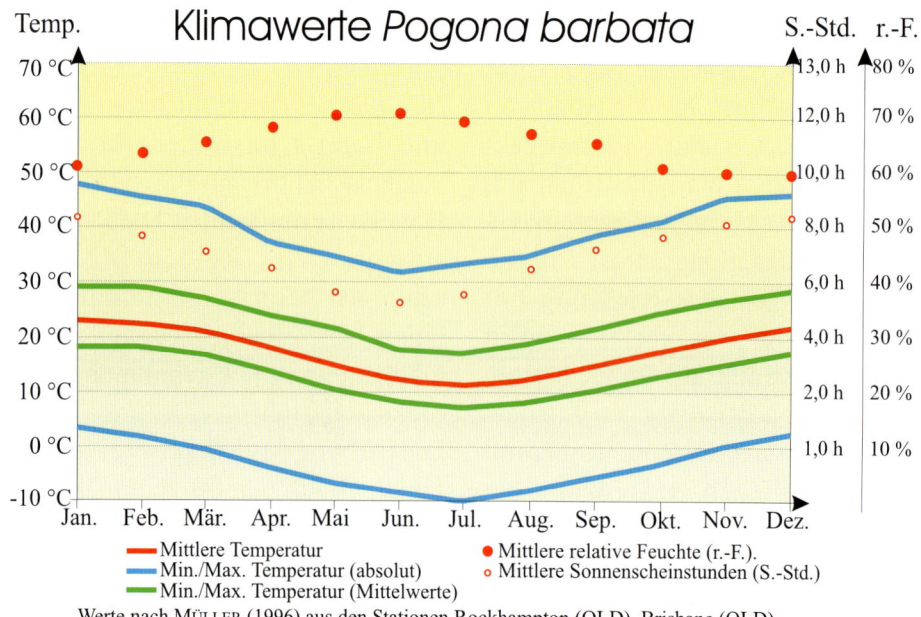

Klimawerte *Pogona barbata*

Werte nach MÜLLER (1996) aus den Stationen Rockhampton (QLD), Brisbane (QLD), Armidale (NSW), Sydney (NSW), Canberra (NSW) und Adelaide (SA) ermittelt.

2.2. Lawsons Bartagame
Pogona henrylawsoni WELLS & WELLINGTON, 1985

Pogona henrylawsoni im Terrarium.

Das Verbreitungsgebiet von *P. henrylawsoni* beschränkt sich auf Queensland, von Almora im Norden bis Longreach im Süden und von Urandangi im Westen bis zum Lake Buchanan im Osten. Es handelt sich um ein Gebiet mit schweren Schwarzerdeböden. Da Queensland nördlich des Wendekreises des Steinbocks liegt, ist es den Tropen zuzuordnen. Somit erleben Lawsons Bartagamen auch Regenzeiten.

Das Verbreitungsgebiet von *P. henrylawsoni* ist eine baumarme von Büschen durchsetzte Ebene.

Pogona henrylawsoni erreicht eine Kopf-Rumpf-Länge von 13-15 cm und eine Gesamtlänge von etwa 30 cm. Sie ist die kleinste der acht Bartagamenarten. Die Färbung dieser Agame ist hellgrau bis orangebraun. Die Mundschleimhäute sind orange gefärbt. Eine Rückenfärbung in Form von rechteckigen oder ovalen Flecken, die auch ineinander verlaufen können, ist meist vorhanden.

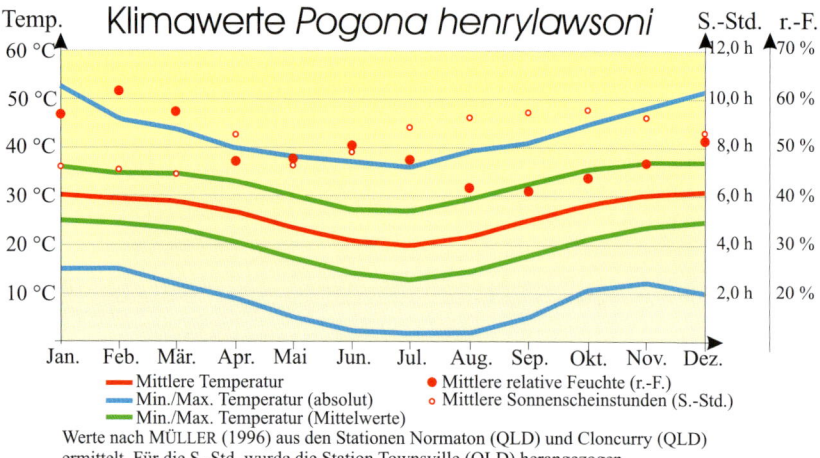

Klimawerte *Pogona henrylawsoni*

Temp. | S.-Std. | r.-F.

Jan. Feb. Mär. Apr. Mai Jun. Jul. Aug. Sep. Okt. Nov. Dez.

— Mittlere Temperatur ● Mittlere relative Feuchte (r.-F.)
— Min./Max. Temperatur (absolut) ○ Mittlere Sonnenscheinstunden (S.-Std.)
— Min./Max. Temperatur (Mittelwerte)
Werte nach MÜLLER (1996) aus den Stationen Normaton (QLD) und Cloncurry (QLD) ermittelt. Für die S.-Std. wurde die Station Townsville (QLD) herangezogen.

Die Namensgebung in der Nomenklatur war lange Zeit strittig. So wurde vor nicht allzu langer Zeit *Pogona henrylawsoni* noch als *P. „rankini"* oder als *P. brevis* bezeichnet.

Lawsons Bartagame ist die nach *P. vitticeps* am häufigsten in Gefangenschaft gehaltene Bartagame. Sie wird regelmäßig nachgezogen und ist auch mit etwas Glück im Handel erhältlich.

Frisch geschlüpfte Lawsons Bartagame.

2.3. Kleinschuppige Bartagame
Pogona microlepidota (GLAUERT, 1952)

Die Kleinschuppige Bartagame besiedelt ein kleines Gebiet an der Nordspitze von Western Australia. Südlich erstreckt sich das Gebiet bis auf die Höhe von Walcott Inlet und Wyndham. Im Norden wird das Verbreitungsgebiet durch die Küste begrenzt. Im Ver-

Pogona microlepidota.

breitungsgebiet findet man sehr unterschiedliche Landschaftsformen wie Regenwälder bis hin zu lichten Trockenwäldern. *Pogona microlepidota* bewohnt lichte Trockenwälder und Spinifex-Graslandschaften.

P. microlepidota erreicht eine Kopf-Rumpf-Länge von 14-18 cm und eine Schwanzlänge von maximal 27 cm. Die Körperform ist wie bei allen Bartagamen flach und langgestreckt. An der Körperseite befinden sich jeweils drei bis fünf Reihen mit Stachelschuppen. Untypisch sind die fehlenden Kehlschuppen und das Unvermögen den Bart abzuspreizen. Tiere dieser Art sind meist gelbbraun gefärbt, Grautöne sind ebenfalls vorzufinden. Einzelne Tiere weisen sogar eine rötliche Färbung auf. Die Querbänderung des Schwanzes ist sehr auffällig.

Pogona microlepidota wurde nie nachweislich nach Europa exportiert und ist deshalb in Terrarien nicht zu finden. Die seltenen Tiere gelten in ihrer Heimat als sehr scheu.

2.4. Westliche Bartagame
Pogona minima (Loveridge, 1933)

Pogona minima, im östlichen Teil von Wallabi Island, Houtman Abrolhos.

Hinsichtlich der anerkannten Arten herrscht teilweise Uneinigkeit, so werden *P. minor* und *P. mitchelli* auch als Unterarten von *P. minima* behandelt. Hierdurch werden auch unterschiedliche Verbreitungsgebiete genannt, die in der Gesamtheit für diese drei Arten wiederum eine gute Übereinstimmung zeigen.

Pogona minima kommt (nach Wilson & Knowles 1988) ausschließlich auf den Inseln der Houtman Abrolhos vor. Diese Insel-gruppe, die gelegentlich sogar von Meerwasser überspült wird, liegt an der Westküste Australiens auf Höhe von Geraldton.

Die Vegetation im Verbreitungsgebiet dieser Art ist spärlich und nieder. Das Klima ist für australische Verhältnisse mild.

P. minima erreicht eine Gesamtlänge von bis zu 40 cm, dabei fallen auf die Kopf-Rumpf-Länge 12-16 cm und auf die Schwanzlänge 24 cm. Der Grundton der Färbung ist ein

Pogona minima.

helles Graubraun. Auf dem Rücken
findet sich ein schwach ausgefärbtes
Rautenmuster. Der Schwanz
weist eine leichte Quer-
bänderung auf. Die Mund-
schleimhaut ist auch bei
P. minima von sulfatgelber
Farbe. Der helle Bauch ver-
färbt sich während der Paa-
rungszeit bei männlichen Tieren in ein sehr dunkles Grau.

In der Terraristik spielt diese Echse keine Rolle, da sie
in Europa nicht gepflegt
wird.

Pogona minima.

2.5. Zwergbartagame
Pogona minor (S<small>TERNFELD</small>, 1919)

![Pogona minor]

Pogona minor, ca. 40 km süd-östlich von Kalbarri, Western Australia.

Pogona minor besiedelt nach *P. vitticeps* das größte Verbreitungsgebiet der Bartagamen. Es erstreckt sich im Westen bis an die Küste von Western Australia und zieht sich bis zu der Central Desert, Northern Territory

Lebensraum von *P. minor*, Canning Vale, Perth.

im Nordosten. In Richtung Süden reicht das Verbreitungsgebiet bis nach South Australia, Nullarbor Plain und in Richtung Osten bis zu Lake Gairdner.

Die Westliche Bartagame bevorzugt offene Landstriche, die über

Pogona minor, Bold Park, Perth.

ausreichende Deckungsmöglichkeiten verfügen. Innerhalb des Verbreitungsgebietes werden Dünenlandschaften ebenso wie offene Busch- und Baumsteppen oder Trockensteppen bewohnt.

P. minor erreicht eine Gesamtlänge von bis zu 40 cm, wovon etwa 14-16 cm auf die Kopf-Rumpf-Länge entfallen. Das Aussehen dieser Art entspricht einer schlankeren und kleineren *P. barbata*. Die Körperseiten weisen jeweils nur eine Reihe vergrößerter Schuppen auf. Die dreieckige Ohröffnung ist ebenfalls gut sichtbar, der Schwanz in Relation zum Körper jedoch länger als bei *P. barbata*. Die Westliche Bartagame besitzt ebenfalls keinen

Jungtiere von *Pogona minor*, Bold Park und...

abspreizbaren Bart. *Pogona minor* ist eine überwiegend grau bzw. in blassen Beigetönen gezeichnete Bartagame. Den Rücken ziert ein schwach ausgeprägtes Rautenmuster, das zu einem Längsband verschmelzen kann. Wie auch bei *P. barbata* ist die Mundschleimhaut sulfatgelb gefärbt. Zwischen Auge und Trommelfell verläuft ein schwarzer Streifen.

Wie auch bereits bei den beiden vorangegangenen Arten ist auch hier zu bemerken, dass diese Echse für die Terraristik unbedeutend ist, da sie in Europa nicht gehalten wird.

...3 km östlich von Green Head, Western Australia.

2.6. Mitchells Bartagame
Pogona mitchelli (BADHAM, 1976)

Mitchells Bartagame im Terrarium.

Diese Art kommt in Western Australia und im Northern Territory vor. Das Verbreitungsgebiet beschreibt hierbei annähernd ein Rechteck mit den Ecken Koolan, Port Hedland, Curtin Springs und den Macdonnell Ranges.

Die bewohnten Biotope zeichnen sich durch ein trockenes, heiß-warmes Klima aus. Wie viele andere Arten der Gattung bevorzugt *P. mitchelli* offene, busch- und baumbestandene Flächen, ist aber auch in felsigen Gebieten anzutreffen. *Pogona mitchelli* weist eine durchschnittliche Kopf-Rumpf-Länge von 14 cm und eine Schwanzlänge von 20 cm auf. Einzelne Exemplare können aber durchaus eine Gesamtlänge von 40 cm erreichen. Bei der Mitchells Bartagame handelt es sich um eine schlanke Echse mit schmalem Kopf, der nicht so deutlich dreieckig geformt ist wie z. B. bei *P. vitticeps*. Der Schädel wirkt besonders bei männlichen Tie-

ren massiv. Die Ohröff-
nung ist gut sichtbar.
Die Bestachelung von
Kehlhaut und Kopf ist
deutlich ausgeprägt,
der Bart kann abge-
spreizt werden. Die
Körperseiten sind bei-
derseits mit einer Reihe
konischer Stachel-
schuppen besetzt. Im
Vergleich zu anderen
Vertretern der Gattung
Pogona wirken die Ex-
tremitäten dünn.

Die Färbung ist sehr va-
riabel. Es kommen so-
wohl braune, rotbraune
als auch gelbe Tiere vor.
Männliche *P. mitchelli*
sollen bei Erregung ih-
ren Kopf orange, oder
sogar rot färben. Eine
Rückenzeichnung ist
kaum vorhanden.

Pogona mitchelli.

Die Bedeutung für die
Terraristik ist untergeordnet.
Einzelne Züchter halten Gruppen dieser Art. Da die Verbreitung in Terraristik-Kreisen noch
sehr beschränkt ist, sollte diese
Art den erfahrenen Bartagamen-
pflegern vorbehalten bleiben.

2.7. Nullarbor-Bartagame
Pogona nullarbor (BADHAM, 1976)

Pogona nullarbor ist in Australien ausschließlich in den Nullarbor Plain im Süden von Western und South Australia anzutreffen.
In der baumlosen Ebene herrscht vor-

Pogona nullarbor, östliche Nullarbor-Ebene.

wiegend ein trocken heißes Klima. Diese Bartagame erreicht eine maximale Kopf-Rumpf-Länge von 14 cm und eine maximale Schwanzlänge von 20 cm.

Die Nullarbor-Bartagame ist die farblich am intensivsten gezeichnete Bartagame. Der Rücken ist orange bis rot oder braun bis grau gefärbt. Über den Rücken verlaufen sechs bzw. sieben cremefarbene Querbänder. Die Anzahl der in Reihen angeordneten Stachelschuppen an der Flanke beträgt zwischen drei und sieben. Die Statur des Körpers ist stämmig mit einer kurzen Schnau-

ze und einem kompakten Schwanz. Zwischen Auge und Ohröffnung findet sich auch hier wieder ein schwarzer Streifen. Die Ohröffnung ist oval geformt.

Auch *P. nullarbor* ist für die Terraristik zur Zeit nicht von weiterem Interesse, da es zweifelhaft ist, ob sich überhaupt Tiere dieser Art in Europa aufhalten.

2.8. Bartagame
Pogona vitticeps (AHL, 1926)

Pogona vitticeps, 10 km nördlich von Blackhall, Queensland.

Pogona vitticeps bewohnt das Innere Australiens. Die Art ist in Queensland, New South Wales, Victoria, South Australia und im Northern Territory anzutreffen. Das riesige Verbreitungsgebiet reicht im Norden bis Camooweal, im

P. vitticeps, Bokhara Rains, Northern Territory.

Osten bis zum Culgoa Floodplain Nationalpark, im Süden bis zum Hattah Kulkyne Nationalpark und im Westen bis zur Gardner Range. Diese Bartagame bewohnt ausschließlich das Innere Australiens. Auch sie bevorzugt offene, busch- und baumbestandene Flächen. Dem Verbreitungsgebiet entsprechend hält sich *P. vitticeps* in trockenen Arealen auf. *Pogona vitticeps* gehört neben *P. barbata* zu den größten Vertretern ihrer Gattung. Sie erreicht eine Kopf-Rumpf-Länge von 20-25 cm bei einer

Pogona vitticeps, Mount Isa, Queensland.

Schwanzlänge von 30 cm. Es sind auch Tiere mit über 60 cm Gesamtlänge bekannt. *P. vitticeps* ist eine kräftige Agame mit großem, dreieckigem, spitz zulaufendem Kopf. An Kehlhaut und Kopf finden sich große Stachelschuppen. Der Bart kann vollständig aufgestellt werden. Auf dem Hinterkopf verläuft geradlinig eine Reihe vergrößerter Schuppen. An den Flanken verlaufen zwei Reihen mit Stachelschuppen, die hinter der Schulter beginnen. Die Färbung ist sehr variabel. Von grau über gelb bis hin zu rot. Es handelt sich hierbei um natürliche Färbungen, die eine Anpassung an das Verbreitungsgebiet darstellen. Im Gegensatz dazu wurden, vornehmlich in den USA, gezielt verschiedene Farbformen herausgezüchtet.

Pogona vitticeps ist **die** Bartagame der Terraristik. Im Allgemeinen kann davon ausgegangen werden, dass bei der Erwähnung einer Bartagame diese Art gemeint ist. *Pogona vitticeps* wird regelmäßig in großen Stückzahlen nachgezüchtet und ist auch im Fachhandel problemlos zu erhalten.

Biotop von *P. vitticeps*, Stuart Hwy., nördlich von Port Augusta.

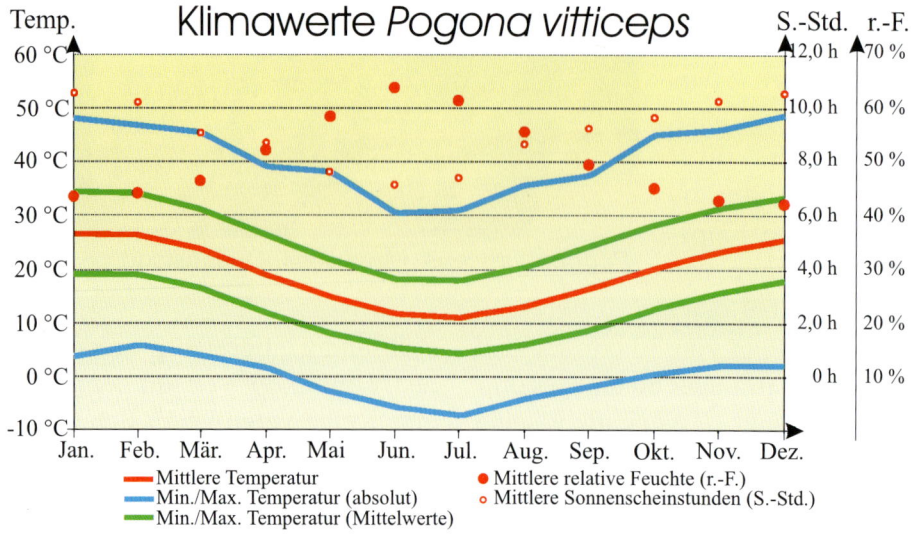

Werte nach MÜLLER (1996) aus den Stationen Alice Springs (NT), Tarcool (SA) und Port Augusta (SA) ermittelt.

Bestimmungsschlüssel verändert nach COGGER (2000):

(a)

(b)

P. vitticeps

P. mitchelli

1 An der Grenze vom Rücken zum Bauch eine begrenzende regelmäßige Reihe von vergrößerten konischen Stachelschuppen (a).2

An der Grenze vom Rücken zum Bauch mehrere Reihen von Stachelschuppen, die sich zu einem Band aufweiten, das hinter der Achsel beginnt (b) 5

2 Keine vergrößerten Stachelschuppen im Kehlbereich, die über das Zentrum des Kehlbereiches verlaufen (c) 3

Vergrößerte Stachelschuppen im Kehlbereich, die über das Zentrum des Kehlbereiches verlaufen (d) .... *P. vitticeps*

3 Vergrößerte Stachelschuppen an der Kopfhinterkante unregelmäßig mit kleineren Stachelschuppen abwechselnd (e) 4

Vergrößerte Stachelschuppen an der Kopfhinterkante deutlich erkennbar konstant durchlaufend kräftig ausgebildet (f) .... *P. mitchelli*

4 Eine zusätzliche Reihe von Stachelschuppen im Nacken beiderseits der Wirbelsäule (g) .... *P. minima*

Keine Reihe von Stachelschuppen parallel zur Wirbelsäule, meist nur eine Anhäufung von Stachelschuppen am Ende des Nackens (e) 7

5 Vergrößerte Stachelschuppen über dem Zentrum der Kehlhaut (d) 6

Keine vergrößerten Stachelschuppen über dem Zentrum der Kehlhaut (c) . *P. microlepidota*

6 Deutliche schmale weiße Bänder über Rücken und Schwanz .... *P. nullarbor*

Keine deutlichen weiße Bänder auf Rücken und Schwanz .... *P. barbata*

7 18 oder weniger sich lamellenartig überlappende Schuppen unter dem vierten Zehen und 12 oder weniger Schenkelporen und Poren vor der Analspalte .... *P. henrylawsoni*

Mehr als 18 sich lamellenartig überlappende Schuppen unter dem vierten Zehen und mehr als 12 Schenkelporen und Poren vor der Analspalte .... *P. minor*

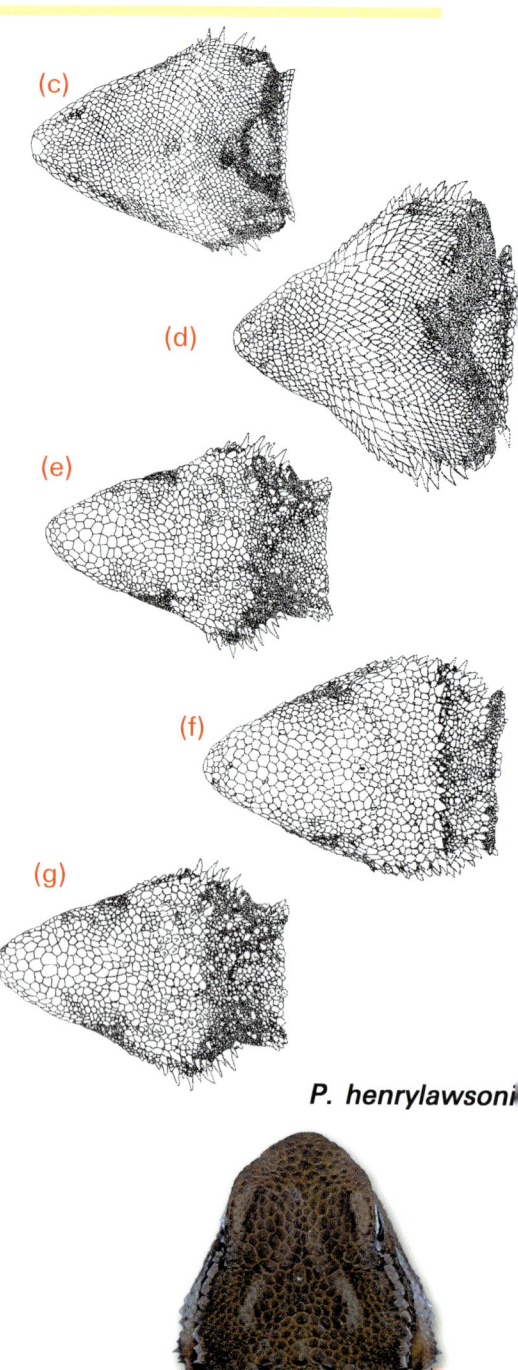

(c)

(d)

(e)

(f)

(g)

P. henrylawsoni

Hinweis

Die folgenden Kapitel befassen sich ausschließlich mit der Bartagame *Pogona vitticeps*. Die beiden anderen für die Terraristik interessanten Arten *P. barbata* und *P. henrylawsoni* werden im Anschluss ergänzend behandelt.

3. Das Terrarium

Gemäß dem Gutachten über die **Mindestanforderungen an die Haltung von Reptilien** des Bundesministeriums für Ernährung, Landwirtschaft und Forsten (BMELF), Referat Tierschutz ist für zwei Bartagamen (z. B. ein Pärchen) eine Mindestgröße des Terrariums von 5 x 4 x 3 (Länge x Breite x Höhe) multipliziert mit der Kopf-Rumpf-Länge gefordert. Für jedes weitere gehaltene Tier ist die Grundfläche um 15% zu vergrößern. Für die Wahl eines geeigneten Terrariums sollte davon ausgegangen werden, dass das größte gehaltene Tier eine Kopf-Rumpf-Länge von 25 cm erreichen kann. Somit ist für zwei ausgewachsene Bartagamen von einer erforderlichen Terrariengröße von 125 x 100 x 75 cm (Länge x Breite x Höhe) auszugehen. Sollen mehrere Tiere zusammen gehalten werden, ist es sinnvoll, nur die Länge des Terrari-

Weibliche Bartagame im Terrarium des Verfassers.

ums zu vergrößern, da ansonsten der Pfleger die hinteren Bereiche des Terrariums nur schlecht erreicht. Für die Pflege von drei Tieren ist also (bei einer Kopf-Rumpf-Länge des größten Tieres von 25 cm) ein Terrarium mit den Mindestmaßen 145 x 100 x 75 cm (Länge x Breite x Höhe) erforderlich.

Gut bewährt haben sich Terrarien in sogenannter Standardbauweise, d. h. Glasterrarien mit zwei Schiebescheiben an der Front, sowie Lüftungsflächen an der Vorderseite und an der Oberseite. Für eine bessere Belüftung und zur Installation der Wärme-

Teil der Terrarienanlage des Verfassers.

und UV-Strahler empfiehlt es sich solche Terrarien so zu modifizieren, dass die Hälfte der Oberseite aus einem Belüftungsgitter besteht. Größere Aquarien oder Terrarien ohne Abdeckung können ebenfalls gut verwendet werden. Wegen der trockenen Haltungsbedingungen sind auch Holzterrarien möglich oder Kombinationen verschiedener Baustoffe.

An der Beleuchtung darf nicht gespart werden.

Werden Terrarien zu spärlich ausgeleuchtet, fallen die Tiere in ein extrem passives Verhaltensmuster, im

Zur Aufzucht der Jungtiere eignen sich kleinere Terrarien.

Gegensatz zu gut ausgeleuchteten Terrarien, wo die Tiere ihre ganze Aktivität entfalten. In der australischen Heimat der *Pogona*-Arten ist der Sommer eine lichtdurchflutete Jahreszeit. Bei einer Behältergröße gemäß den Richtlinien des BMELF ist es ratsam mehrere Leuchtstoffröhren zur Beleuchtung einzusetzen. Bei einer Länge des Terrariums von 125 cm sollten hierfür mindestens zwei Röhren mit einer Leistung von 36 W zum Einsatz kommen.

Das Lichtspektrum muss dem des natürlichen Lichts nahe kommen.

Empfehlenswert sind auch HQL-Strahler, die eine sehr hohe Intensität des Lichtes aufweisen. Erste Wahl stellen allerdings HQI-Strahler mit ihrer hervorragenden Licht-

fülle dar. Der hohe Anschaffungspreis relativiert sich über die Laufzeit, da Stromkosten durch die Verwendung einer HQI-Beleuchtung minimiert werden können. Zu beachten ist, dass sämtliche Leuchtmittel physikalisch bedingt Wärme abgeben, was wiederum bei der Gestaltung der Temperaturbereiche im Terrarium berücksichtigt werden muss. Zur Schaffung von Sonnenplätzen werden bei der oben beschriebenen Größe des Terrariums zwei Strahler angebracht, unter denen die Tiere eine Temperatur von

Grober Kies ist als Bodengrund ungeeignet...

mindestens 40 bis maximal 50 °C vorfinden. Hierfür können gewöhnliche Glühbirnen für Spotstrahler verwendet werden. Auf die zusätzliche Verwendung einer Bodenheizung kann somit verzichtet werden, zumal die Zufuhr von Wärme in Verbindung mit Licht die natürliche Form der Wärmezufuhr ist. Aus diesem Grund ist auch von der Verwendung von Keramikstrahlern abzuraten. Heizkabel oder -matten kommen als Bodenheizungen erst bei großen Terrarien mit mehreren Quadratmetern Grundfläche zum Einsatz.

> Weiter ist noch eine Beleuchtung zur **UV-Bestrahlung** der Pfleglinge unter allen Umständen erforderlich.

Bei der Installation muß bedacht werden, daß UV-Strahlen Glas nicht durchdringen. Bei Verwendung von Leuchtstoffröhren zur UV-Bestrahlung sind die Angaben des Herstellers zu deren Reichweite und Lebensdauer zu beachten.

...besser ist feiner Kies oder...

In der Terraristik hat sich die Verwendung des Leuchtmittels UltraVitalux® der Fa. Osram vielfach bewährt. Der Strahler mit einer Leistung von 300 W darf nur in Verbindung mit einer Keramikfassung verwendet werden. Die tägliche Beleuchtungsdauer des UV-Strahlers sollte zwischen 20 und 30 Minuten betragen. Dabei muss darauf geachtet werden, dass der Abstand zum Boden des Terrariums bzw. zum Tier etwa 100 cm beträgt.

Alle im Terrarium angebrachten Strahler sind so zu installieren, dass diese nicht von den Agamen erreicht werden können, da nur so Verbrennungen der Echsen zu vermeiden sind.

Alle technischen Einrichtungsgegenstände müssen regelmäßig (am besten täglich) auf Ihre Funktion überprüft werden.

Im Terrarium sollten ein bis zwei Thermometer angebracht werden, um die Temperaturverhältnisse kontrollieren zu können. Den Bartagamen müssen verschiedene Temperaturbereiche angeboten werden, so dass sie den ihnen zusagenden Bereich aufsuchen können. Die Grundtemperatur kann rund 25 °C betragen und im Zweifelsfall eher unter- als überschritten werden. Während der Sommermonate dürfen 20 °C nicht unterschritten werden.

Als Bodengrund wird Sand oder ein Sand-Lehm-Gemisch verwendet. Der Sand darf nicht zu fein (staubfrei) und scharfkantig sein, da er sonst zu Verletzungen führen oder in Körper-öffnungen eindringen kann. Im Handel werden verschiedene zweckmäßige Sand-Arten angeboten. Zu empfehlen ist auch die Verwendung von Spielsand. Vogelsand ist ebenfalls geeignet. Grober Kies als Bodengrund ist aus Gründen der Hygiene zu vermeiden, da viele Schmutzstoffe in den Zwischenräumen versickern und so nicht regelmäßig entfernt werden können.

...zerkleinerter Buntsandstein-Grus bzw. ...

Ein oder mehrere Felsaufbauten können errichtet werden. Gleichgültig ob hierzu natürliche oder künstliche Steine zum Einsatz kommen, sind die Aufbauten sicher zusammenzufügen, z. B. mit Mörtel oder Silikon und nicht auf Sand, sondern ab dem Beckenboden zu bauen. So wird verhindert, dass die Konstruktionen durch eine grabende Bartagame zum Einsturz gebracht werden und das Tier erschlagen wird.

...eine Kies-Sand-Mischung.

Der Bodengrund sollte mindestens fünf, besser zehn Zentimeter hoch eingebracht werden. Für die Eiablage sind lokale Stellen mit 25 oder mehr Zentimetern Höhe zur Verfügung zu stellen.

Beispiele für schlichte Terrarieneinrichtungen, geeignet für die Pflege von Bartagamen:

Versteck-
möglichkeit

Eine Möglichkeit zur Eiablage sollte vorhanden sein.

Von Vorteil ist es, die Steine so aufzuschichten, dass Hohlräume gebildet werden, in die sich die Bartagamen zurückziehen können. Ansonsten sind unbedingt andere Versteckmöglichkeiten wie z. B. Korkrindenstücke anzubieten. Erforderlich sind auch einige Äste, um dem natürlichen Kletterbedürfnis der Tiere nachzukommen. Außerdem werden sie auch gerne von den Agamen zum Ruhen aufgesucht. Die Äste sollten einen Durchmesser aufweisen, der annähernd der Breite der Pfleglinge entspricht und eine rauhe Oberfläche besitzen. Korkrinde und Äste mit borkiger Rinde bergen allerdings die Gefahr, dass sich Futtertiere unkontrolliert darin verstecken. Um den Agamen eine größere Fläche zum Klettern und Laufen zu bieten, kann die Rückwand und gegebenenfalls auch die Seitenwände verkleidet werden. Hierzu eignen sich z. B. künstliche Felsaufbauten oder Korkplatten.

Auf eine Bepflanzung des Terrariums für die Bartagamen kann verzichtet werden, da die Pflanzen von den Tieren entweder gefressen oder durch das Klettern stark beschädigt werden. Sollten dennoch Pflanzen aus optischen Gründen in das Terrarium gestellt werden, so sind sie mit einem Blumentopf einzusetzen, um ein Durchfeuchten des Bodengrundes zu verhindern. Relativ gut geeignet sind dickblättrige, widerstandsfähige Arten wie z. B. *Sansevieria* (Bogenhanf). Ein regelmäßiger Austausch der Pflanzen ist einzukalkulieren.

Im Terrarium muß stets eine Schale mit frischem Wasser vorhanden sein.

Bartagamen suchen diese gelegentlich, teilweise sogar bereits vor dem Einschalten der Beleuchtung auf, um ausgiebig zu trinken.

Künstliche Rückwand

Kletteräste

Steine oder andere Einrichtungsgegenstände müssen so angebracht werden, dass den Agamen keine Gelegenheit geboten wird, sich darunter zu vergraben.

4. Die Pflege

Um Bartagamen erfolgreich zu pflegen, sind die Bedingungen der Tiere an Licht, Wärme und Umgebung zu erfüllen.

Das Terrarium sollte an einem hellen Platz ohne direkte Sonneneinstrahlung aufgestellt werden. Natürliche Sonnenstrahlen heizen das Terrarium in einem starken und vor allem unkontrollierbaren Maße auf. Das Terrarium muss auf einem stabilen Unterschrank oder ähnlichem stehen. Der Aufstellungsort ist so zu wählen, dass ein Tag-/Nachtrhythmus simuliert werden kann. Das Terrarium darf nicht direkt auf dem Boden stehen, weil die Temperatur am Fußboden stärkeren Schwankungen ausgesetzt ist. Besonders in der kühleren Jahreszeit kann es zu einem unkontrollierten Absinken der Temperatur kommen. Daher hat es sich bewährt, das Terrarium ca. 1 m über dem Fußboden aufzustellen.

Bartagamen dürfen keinen Sichtkontakt mit anderen Tieren aufnehmen können, was nicht nur für Reptilien gilt. Schon ein mittelgroßer Papagei stellt für die Tiere einen potentiellen Feind dar. Als Schutzreaktion bleiben die Agamen unbeweglich an den Boden gepreßt liegen, bis der vermeintliche Feind wieder verschwunden ist. Der Kontakt mit Hunden und Katzen sollte ebenfalls vermieden werden. Sämtliche Feindbilder setzen die Bartagamen unter Stress, der sogar bis zum Tode führen kann.

Die Beleuchtungsdauer ist über das Jahr entsprechend den natürlichen Bedingungen zu variieren. So beträgt die tägliche Beleuchtungsdauer während des Sommers 13-14 Stunden, im Winter etwa 6-8 Stunden. Im Frühjahr und Herbst wird die Beleuchtungsdauer kontinuierlich verlängert bzw. verkürzt. Zeitschaltuhren sind hierbei sehr hilfreich, mechanische sind ausreichend. Das Dimmern der Beleuchtung beim Ein- und Abschalten ist nicht notwendig, da die Dämmerungsphase in Australien nur Minuten andauert und die Tiere bei richtiger Wahl der Beleuchtungsdauer bereits vor Verlöschen derselben ihre Schlafplätze aufsuchen. Ebenso wie die Beleuchtungsdauer unterliegen auch die Temperaturen jahreszeitlichen Schwankungen. So beträgt die Grundtemperatur während des Sommers am Tage rund 25 °C mit einer

Wird es den Tieren zu heiß, beginnen sie zu hecheln; so sind sie in der Lage ihre Körpertemperatur zu senken.

Nachtabsenkung auf 15 °C. Am Tage ist an speziell einzurichtenden Sonnenplätzen den Tieren ein Aufwärmen auf die Vorzugstemperatur zu ermöglichen. Hierzu werden unter einem Strahler Werte von 40-50 °C benötigt. Während des Winters reicht eine Grundtemperatur von 20 °C über den Tag aus. Nachts kann die Temperatur bis auf 10 °C abgesenkt werden. Auch im Winter sind den Tieren grund-

Nur gesunde Agamen dürfen eine Winterruhe machen.

sätzlich Sonnenplätze anzubieten, die kurzzeitig (2-4 Stunden) Werte von rund 30 °C erreichen. Die Beleuchtungsdauer und -art der Sonnenplätze ist so zu steuern, dass

sie sich nicht nachteilig auf die Einhaltung der Grundtemperatur auswirkt. Die Überwinterung kann auch in normalen Wohnräumen bei Zimmertemperatur erfolgen. Die Nachtabsenkung auf 15 °C sollte jedoch auch unter solchen Haltungsbedingungen angestrebt werden.

Unter diesen Bedingungen gehen Bartagamen normalerweise selbständig in eine 6-8 Wochen lange Winterruhe. Es handelt sich hierbei nicht um einen Winterschlaf, bei dem sämtliche Lebensfunktionen auf ein Minimum herabgesetzt werden. Bei der Winterruhe wird ein gewisses Maß an Restmobilität aufrecht erhalten, d. h. die Tiere können sich bei Bedarf recht schnell wieder in Bewegung setzten. Wenn die Nachtabsenkung konsequent durchgeführt wird, kann die Winterruhe bis zu drei Monate andauern. Zu beachten ist,

dass auch während der Wintermonate über einige Stunden ein Sonnenplatz zum Aufwärmen der Tiere vorhanden sein sollte. Es gibt auch vereinzelt Agamen, die die Zeit der Winterruhe überspringen und ganzjährig aktiv bleiben. Kranke Tiere sollten keiner Winterruhe unterzogen werden. Handelt es sich um starke, gesunde Tiere, können sie bereits schon im Alter von vier Monaten unbeschadet eine Winterruhe durchmachen. Für ihre Ruhephase vergraben sich Bartagamen gewöhnlich oder ziehen sich in einen Unterschlupf zurück. Hin und wieder wird auch ein Platz ohne Deckung ausgesucht.

Während der Winterruhe brauchen die Tiere kein Futter. Eine Schale mit frischem Wasser ist dennoch erforderlich.

Im Vorfeld der Winterruhe reduziert sich die Menge der aufgenommenen Nahrung. Ein Baden zur Darment-

Um Sprühwasser besser aufzunehmen flachen sich die Tiere ab.

leerung der Bartagamen vor der Ruhephase ist nicht erforderlich. Allerdings ist eine Kotuntersuchung vor der Winterruhe durchführen zu lassen, damit ein Parasitenbefall rechtzeitig behandelt werden und sich während der Ruhephase nicht ungehindert vermehren kann. Nach Beendigung der Winterruhe wird den Agamen wieder Futter angeboten. Zu Beginn wird häufig nur sehr verhalten gefressen. Insbesondere bei männlichen Bartagamen kann es längere Zeit dauern, bis sich die Nahrungsaufnahme wieder auf die normale Menge steigert. Dem natürlichen Lebensraum von *Pogona vitticeps* nachempfunden, ist das Terrarium trocken zu halten. Die relative Luftfeuchtigkeit schwankt zwischen 40 und 60%. Ein längerer Anstieg der relativen Luftfeuchtigkeit auf Werte von über 60% ist zu vermeiden, da diese unnatürliche

Haltungsbedingung die Tiere sehr schwächt (Pilzinfektionen). Gelegentlich kann die Terrarieneinrichtung mit lauwarmem Wasser übersprüht werden, ohne das Bodensubstrat zu durchnässen. Dabei nehmen die Agamen aktiv Wasser auf.

Um Erkältungskrankheiten und Pilzinfektionen zu vermeiden ist darauf zu achten, dass die Tiere innerhalb der nächsten ein bis zwei Stunden wieder abtrocknen. Aus diesem Grund empfiehlt es sich, morgens nach dem Einschalten der Beleuchtung zu sprühen. Wurden die Tiere besprüht, so ist zum Schutz vor Erkältungskrankheiten unbedingt darauf zu achten, dass die Tiere trocknen können bevor die Beleuchtung erlischt. Ein Baden der Bartagamen ist nicht notwendig, auch wenn einzelne Individuen hin und wieder das Wasser aufsuchen.

Bei der Pflege der Tiere ist eine gute Durchlüftung des Terrariums zu gewährleisten, damit keine Stickluft entsteht. Dies geschieht am Besten mittels der bereits beschriebenen Belüftungsflächen. Zugluft ist auf jeden Fall zu vermeiden. Auch sollte das Rauchen in einem Raum mit Terrarien unbedingt unterlassen werden.

4.1. Erforderliche Hygienemaßnahmen

Das Terrarium ist täglich auf Verunreinigungen wie Futterreste und Kot zu kontrollieren. Sie müssen umgehend entfernt werden, um Krankheitserregern den Nährboden zu entziehen. Auch das umgebende Bodensubstrat ist dabei großzügig zu entfernen. Turnusmäßig (ein bis zweimal jährlich) muss der Bodengrund ausgetauscht werden. Dies ist abhängig vom Tierbesatz und dem Volumen des Bodengrundes. Die Einrichtungsgegenstände des Terrariums, wie z. B. Steine und Äste müssen bei Bedarf, aber mindestens einmal jährlich gründlich gereinigt werden. Sind alle Tiere gesund, so ist eine Reinigung mit heißem Wasser ausreichend. Nur bei der Reinigung infolge einer Erkrankung eines Pfleglings ist die Einrichtung – soweit als möglich – zu desinfizieren. Bei einer Desinfektion muss unbedingt beachtet werden, dass keine Rückstände des verwendeten Desinfektionsmittels im Terrarium verbleiben, da sie für die Tiere lebensgefährlich sein können. Als Desinfektionsmittel kann eine 70%ige Ethanol-Lösung verwendet werden. Diese hinterläßt nach dem Auslüften keine Rückstände. Werden mehrere Terrarien betrieben, so sind die Hilfsmittel zur Pflege (z. B. Pinzette, kleine Schaufel, Löffel usw.) immer nur im selben Terrarium zu verwenden. So wird ein Verschleppen von Krankheitserregern vermindert.

Ebenfalls müssen die Hände nach jedem Hantieren im Terrarium oder mit den Tieren gründlich gewaschen bzw. desinfiziert werden.

Aus Gründen der Krankheitsvermeidung ist es unbedingt notwendig, ein neu erworbenes Tier nicht gleich zu einer bestehenden Gruppe zu setzen, sondern es für mindestens acht Wochen separat in Quarantäne zu halten.

Hierzu wird ein Terrarium möglichst einfach eingerichtet um ein Verschleppen von Krankheitserregern zu vermeiden und Krankheiten gegebenenfalls zu behandeln. Während dieser Zeit sind regelmäßig Kotproben beim Tierarzt untersuchen zu lassen.

Auch bei einem gesunden Tierbestand empfiehlt es sich, einmal jährlich eine Kotprobe auf Parasitenbefall überprüfen zu lassen.

5. Das Futter

Bartagamen sind sehr dankbare Fresser. Sie sind omnivor, d. h. sie nehmen tierische und pflanzliche Nahrung zu sich.

An Insekten wird die gesamte Palette von Geradflüglern wie Heimchen (*Acheta domesticus*), Grillen (*Gryllus* sp.) und Ägyptische Wanderheuschrecken (*Locusta migratoria*) sowie Larven des Mehlkäfers bzw. „Mehlwürmer" (*Tenebrio molitor)* und die Mehlkäfer selbst, Larven des Großen Schwarzkäfers (*Zophobas morio*) und Argentinische Schaben (*Blaptica dubia*) gerne gefressen. Auch Wespen und Falter, die sich in das Terrarium verirren, finden regen Zuspruch.

An Wirbeltieren können nestjunge Mäuse und Ratten angeboten werden.

Auf der vegetarischen Seite bietet sich Gemüse (Salat, Zucchini, Aubergine, Karotte, Gurke u.ä.) und Kräuter (Löwenzahn, Petersilie, Spitzwegerich, Klee usw.) an. Obst wird ebenfalls gerne genommen (z. B. Äpfel, Birnen, Südfrüchte). Um eine Schadstoffbelastung der Bartagamen so gering wie möglich zu halten, ist Gemüse aus kontrolliert biologischem Anbau konventionell angebautem vorzuziehen. Als Nahrungsergänzung können Blütenpollen angeboten werden.

Zophobas-Larven werden gerne angenommen.

Steppengrillen und...

Das Grünfutter kann auch in getrocknetem Zustand, z. B. Klee und Löwenzahn, am besten mit Blüten, angeboten werden. Sogenannte Futterpellets stellen eine Alternative bei Abwesenheit des Pflegers dar, um dem eventuell mit Reptilien unerfahrenen Pfleger die Arbeit zu erleichtern. Grundsätzlich ist die Qualität des „natürlichen" Futters (Nähr- und Ballaststoffe, Vitamine) nicht zu ersetzten.

Um den Alltag im Terrarium etwas abwechslungsreicher zu gestalten ist es besonders wertvoll, wenn die Bartagamen angebotene Futterinsekten selbst fangen können. Bartagamen bewegen sich in Gefangenschaft meist zu wenig, was durch entsprechende Methoden der Fütterung etwas ausgeglichen werden kann. Richtwerte für die Nahrungssmengen sind nur schwer zu geben, da sie zum einen von der Häufigkeit der Fütterung in Ab-

...Ägyptische Wanderheuschrecken ergänzen den Speisezettel.

hängigkeit von der Anzahl der angebotenen Futtertiere stehen und zum anderen von der Größe und Konstitution der Bartagamen abhängen. Larven des Mehlkäfers und des Großen Schwarzkäfers, Schaben, sowie nestjunge Mäuse und Ratten sind nur gelegentlich zu verfüttern, da sie einen größeren Fettanteil besitzen und sich somit bei übermäßiger Fütterung für die Pfleglinge als schädlich erweisen können. Heimchen, Grillen und Heuschrecken bie-

Schaben, wie hier die Argentinische Schabe, sollten nur ab und zu verfüttert werden.

ten hingegen den Vorteil, dass sie aktiv erbeutet werden müssen und der Fettgehalt im Verhältnis zum Nährstoffgehalt der Futtertiere geringer ist. Grillen (*Gryllus* sp.) sind nach Möglichkeit Heimchen vorzuziehen, da diese nicht so leicht aus Terrarien ausbrechen und sich in der Wohnung einnisten können. Entkommene Heimchen (*Acheta domesticus*) und Kurzflügelgrillen (*Gryllodes sigillatus*) gelten als Hausschädlinge und können sich in unseren Breitengraden erfolgreich im Hause vermehren.

Das Füttern des vegetarischen Anteils gestaltet sich oftmals etwas schwieriger, da hier immer wieder individuelle Vorlieben ausgeprägt sind, die sich im Laufe des Agamenlebens verändern können. Wenn unterschiedliche Sorten von Gemüse, Obst und Grünfutter angeboten werden, ist auch die notwendige Abwechslung sicherge-

stellt. Lebendfutter wird zur Verfütterung direkt ins Terrarium gegeben. Nicht gefressene Insekten

werden wieder aus dem Terrarium entfernt. Hierbei sollte ruhig und besonnen vorgegangen werden, um die Bartagamen nicht unnötigem

Kurzflügelgrillen sind als Futter ungeeignet; sie sind zu klein und zu sprungfreudig.

Stress auszusetzen. Haben sich die verbliebenen Insekten so verkrochen, dass sie nicht mehr entfernt werden

können, wird ihnen über die Nacht etwas Grünfutter angeboten, damit sie auf keinen Fall den Reptilien (zum Teil sogar

tödliche) Bisswunden zufügen. Im Terrarium verbliebene Insekten stellen eine ernsthafte Gefahr für die Echsen, insbesondere für Jungtiere dar. Grünfutter wird abgetrocknet im Terrarium auf einen Stein oder in eine Schale gelegt. Dadurch wird verhindert, dass das Futter mit Bodengrund verschmutzt wird. Nicht gefressenes Futter wird wieder aus dem Becken entfernt. Bei der Verfütterung von selbst gefangenen Futtertieren und heimischen Pflanzen sollten diese möglichst weit entfernt von der nächsten Straße der Natur entnommen werden. Gleichzeitig sind die entsprechenden Schutzvorschriften für die heimische Flora und Fauna zu beachten.

Als Fütterungsintervall hat sich für Jungtiere bis zu einem Alter von vier Monaten eine zweimalig Fütterung pro Tag bewährt. Im Alter von 4-10 Monaten wird täglich gefüttert. Tiere, die bereits älter als zehn Monate sind, werden noch drei- bis viermal pro Woche gefüttert. Im ersten Lebensjahr gilt, dass die Futtertiere lieber etwas zu klein als zu groß gewählt werden sollten. Als Faustregel gilt, dass die Größe eines Futtertieres maximal der Kopfbreite der Bartagame entsprechen sollte. Bei Jungtieren liegt die ersten vier Lebensmonate der Schwerpunkt der Ernährung bei Insekten, wobei G e m ü s e und Grünfutter immer wieder zusätzlich angeboten werden sollte. Wird vegetarische Kost nicht von Anfang an immer wieder gereicht, sinkt die Akzeptanz mit zunehmendem Alter rapide. Adulte Tiere sind nur noch schwer an vegetarisches Futter zu gewöhnen. Je älter die Tiere werden, umso mehr kann der vegetarische Anteil des Futters steigen. Eine ausschließliche Ernährung von Bartagamen mit pflanzlicher Kost ist nicht möglich.

Die Tiere benötigen grundsätzlich auch einen Anteil an tierischem Futter, der sich zwischen 50 und 70% bewegen sollte.

Futtertiere sollten nicht bis zur Verfütterung in den Behältern aufbewahrt werden, in denen sie verkauft wurden. Sie sollten in Plastikterrarien oder ähnliches mit geeigneter Ausstattung (wie z. B. Eierkartons) umgesetzt werden. Dort können die Insekten gefüttert und mit Wasser versorgt werden. Sind die Futtertiere gut ernährt, so kommen die Nährstoffe und Vitamine auch den Bartagamen zugute.

Für die Versorgung der Agamen mit Mineralien und Vitamine werden die Futtertiere mindestens bei jeder zweiten Fütterung mit einem Mineralstoff- und Vitaminpräparat (z. B. Korvimin® ZVT) bestäubt.

Für die Versorgung mit Mineralien können auch Sepiaschalen zerkleinert und im Terrarium verstreut werden, wo sie die Agamen nach Bedarf fressen.

6. Umgang mit den Tieren

Bartagamen sind dem Menschen gegenüber meist friedlich. Nur einzelne Tiere zeigen ausnahmsweise ein aggressives Verhalten. Die meisten Tiere lassen sich problemlos auf die Hand nehmen. Tiere, die das nicht dulden, flüchten eher, als dass sie angreifen. Trotzdem sollte vorsichtig mit Bartagamen umgegangen werden, da sie eine immense Kraft in der Kiefermuskulatur besitzen. Gerade kleine Kinder sind wegen der nicht absehbaren möglichen Folgen unbedingt vor dem Biss dieser Echsen zu bewahren. Schwere Bisswunden sind ärztlich zu betreuen, da sie meist tief gehen und ein Infektionsrisiko vorliegt.

Beim Hantieren mit Bartagamen außerhalb des Terrariums ist darauf zu achten, dass sie nicht entkommen können und dadurch ihre Gesundheit gefährdet wird. Ein Freilauf im Zimmer ist nicht zu befürworten, da Bartagamen leicht in Türen gequetscht oder von Menschen getreten werden können. Des weiteren muss bedacht werden, dass die Reptilien Zugluft schlecht vertragen.

> Bartagamen dulden zwar Berührungen, genießen sie jedoch nicht unbedingt.

Es ist anzumerken, dass Bartagamen, auch wenn sie bereits über viele Generationen nachgezogen wurden, Wildtiere und keine Haustiere sind.

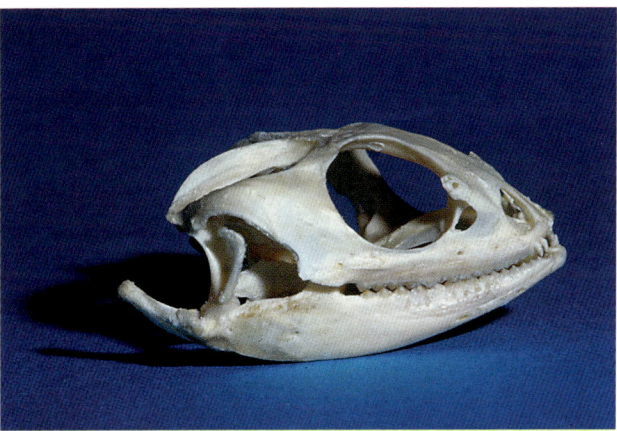

Bartagamen sind in der Lage mit ihren Zähnen schmerzhaft zu beißen.

7. Häufige Krankheitsbilder

Bartagamen haben im Allgemeinen eine gute gesundheitliche Konstitution. Verschiedene Krankheitsbilder treten jedoch hin und wieder auf. Dabei handelt es sich meist um haltungsbedingte Erkrankungen (z. B. hervorgerufen durch mangelnde Hygiene, unsachgemäße Pflege bzw. unzureichende Ernährung). Bartagamen gelten im eigentlichen Sinne nicht als „krankheitsanfällig" sondern können als robust bezeich-net werden. Sicher liegt dies auch an der momentanen Situation, dass es sich bei den angebotenen Tieren ausschließlich um Nachzuchten handelt (siehe Kapitel „Allgemeines"). Das ganze Spektrum vom Fang bis zur „Zwischenhälterung" und dem Transport der Agamen, wie sonst bei Wildfängen üblich, findet nicht statt. Somit ist eine der Grundvoraussetzungen für die Ausbreitung von Krankheitskeimen, nämlich ge-

Die Agamen sollten immer aufmerksam beobachtet werden.

schwächte bzw. gestresste Tiere, teilweise nicht gegeben.

Seriöse Züchter geben ihre Nachzuchten erst ab, wenn die Bartagamen ein bestimmtes Alter bzw. Größe erreicht haben, diese kräftig und futterfest sind oder machen auf etwaige Probleme im Voraus aufmerksam.

Bei Bartagamen, die vom Zoofachhandel angeboten werden, verhält es sich ähnlich, auch bei diesen muss es sich um Nachzuchten handeln. Allerdings werden sie je nach Zoogeschäft oft mit Wildfängen anderer Reptilienarten vergesellschaftet. Eine Verschleppung von unterschiedlichen Krankheitskeimen bleibt in solchen Fällen meist nicht aus.

> Die gepflegten Bartagamen sollten aufmerksam beobachtet werden, um eventuelle Veränderungen möglichst frühzeitig festzustellen.

Damit kann das Risiko für Krankheiten herabgesetzt werden. Im Zweifelsfall sollte ein erfahrener Terrarianer oder Tierarzt hinzugezogen werden, da sich viele Krankheiten bereits in einem fortgeschrittenen Stadium befinden, wenn sie erkannt werden.

7.1. Innenparasiten

Ein Befall von Innenparasiten (sog. Endoparasiten) des Magen-Darm-Traktes lässt sich feststellen, indem man eine Kotprobe der Tiere durch einen fachkundigen Tierarzt oder ein entsprechendes Labor mikroskopisch untersuchen lässt. Der Kot sollte möglichst frisch und nicht eingetrocknet sein. Er wird am besten mit ein bis zwei Tropfen Wasser z. B. in einem leeren Filmdöschen transportiert. Der Kot sollte nicht gekühlt werden, da sonst ein eventueller Nachweis von Einzellern erschwert wird. Eine Kotuntersuchung sollte bei Bartagamen mindestens einmal jährlich vorgenommen werden. Der Zeitraum vor der Winterruhe ist hierfür besonders zu empfehlen, da somit den Parasiten keine Möglichkeit zur ungestörten Schädigung des Wirtstieres geboten wird. Allerdings ist der Termin rechtzeitig vor der Winterruhe zu wählen, um eine eventuell erforderlich werdende Behandlung noch vor Beginn der Ruhephase abschließen zu können.

Im Kot einer Bartagame lassen sich unter Umständen verschiedene Parasiten in den unterschiedlichsten Entwicklungsstadien feststellen. Oft handelt es sich um Madenwürmer

(Oxyuren), die zu den Fadenwürmern (Nematoden) gezählt werden. Werden Madenwürmer bzw. deren Larven und Eier im Kot nachgewiesen, muss dies nicht unbedingt beunruhigend sein. Sie bereiten dem Wirtstier nicht automatisch Probleme. Daher sollte die Bekämpfung der Parasiten abgewogen werden um nicht gleich mit Kanonen auf Spatzen zu schießen. Erst bei einem massenhaften Befall besteht die Möglichkeit, dass die Bartagame Schaden nimmt. Tritt ein Massenbefall auf, müssen in Absprach mit einem reptilienkundigen Tierarzt die notwendigen Gegenmaßnahmen getroffen werden.

Gelegentlich werden weitere Nematoden wie Ascariden (Spulwürmer), Capillarien (Haarwürmer) und Strongyliden (Zwergfadenwürmer) nachgewiesen. Entsprechende Behandlungsmethoden sollten ebenso wie bei einem Befall mit Cestoden (Bandwürmer), Trematoden (Saugwürmer) oder Lungenwürmern angewendet werden.

Von den Einzellern (Protozoen) sind bei Bartagamen vor allen Dingen Flagellaten und Coccidien von Bedeutung.

Zur Behandlung der Innenparasiten sind verschiedene Medikamente auf dem Markt. Ein Therapieplan muss jedoch grundsätzlich von einem Tierarzt ausgearbeitet werden, um nachteilige Folgen durch die Behandlung weitestgehend auszuschließen.

7.2. Milbenbefall

Milben parasitieren auf der Haut bzw. unter den Schuppen. In der Regel wird der Befall mit Milben erst erkannt, wenn das Wirtstier massiv befallen ist. Besonders häufig findet man diese Spinnentiere unter abgespreizten Schuppen, im Bereich der weicheren Hautschichten am Hals, den Augen, den Ohröffnungen, den Extremitäten und am Schwanzansatz. Durch die Saugtätigkeit der Milben kann es zu einem starken Entzug von Blut- und Lymphflüssigkeit kommen. Zusätzlich können Krankheitserreger übertragen werden. Die Gefahr von bakteriellen Infektionen ist ebenfalls sehr groß. Durch ein vorsichtiges Abbürsten des betroffenen Tieres über einem weißen Blatt Papier können die meist dunkelbraun oder rötlich gefärbten, deutlich unter einen Millimeter großen Plagegeister sichtbar gemacht werden. Eine Behandlung der Milben muss, auch bei einem geringen Befall in Abstimmung mit einem Tierarzt erfolgen. Gute Erfahrungen konnten mit dem Wirkstoff Ivermecetin (Injektion oder äußerliche Anwendung) gemacht werden. Allerdings ist dieser nicht wasserlöslich und eine exakte Dosierung von Nöten; schon eine geringe Überdosierung kann zum Tode des befallenen Tieres führen. Da Ivermecetin nur blutsaugende Milben tötet (und nicht deren Eier und Protonymphen), sollte die Behandlung mindestens einmal nach etwa zwei Wochen wiederholt werden.

Das Problem des Milbenbefalls ist nicht alleine durch die Behandlung der befallenen Bartagame zu lösen.

Es ist damit zu rechnen, dass auch andere Terrarieninsassen, schlimmstenfalls Reptilien die im gleichen Raum gepflegt werden, betroffen sind. Zudem muss das gesamte Terrarium inklusive aller Einrichtungsgegenstände gründlichst gereinigt und gegebenenfalls z. B. mit einer 70%igen Ethanol-Lösung ausgesprüht werden. Hierbei sei nochmals auf die Bedeutung einer ausreichend langen und konsequent durchgeführten Quarantäne bei der Neuanschaffung einer Bartagame hingewiesen.

7.3. Bakterielle Erkrankungen

Auffallend oft erkranken Bartagamen an einer bakteriellen Lungenentzündung. Dies scheint wohl in erster Linie daran zu liegen, dass Bartagamen recht zutraulich sind und häufig als Streicheltiere (außerhalb des Terrariums sind sie der Zugluft bzw. starken oder plötzlichen Temperaturschwankungen ausgesetzt) „missbraucht" werden! Lungentzündungen werden oft erst sehr spät, im fortgeschrittenen Stadium erkannt. Wenn das Atmen der Agame schwer fällt und sich das Tier phlegmatisch verhält, ist Vorsicht geboten. Spätestens, wenn aus der Luftröhre Schleim austritt, muss schnellstens der Tierarzt konsultiert und gegebenenfalls eine Antibiotikumbehandlung eingeleitet werden.

Magen- und Darmschleimhautentzündungen kommen bei diesen Echsen seltener vor. Ihre Ursache liegt meist in einem Befall durch Innenparasiten. In der Regel nehmen die Tiere kein Futter mehr auf (nicht zu verwechseln mit dem Beginn der Winterruhe, bei dem es völlig normal ist, dass die Nahrungsaufnahme eingestellt wird). Es kann aber auch vorkommen, dass die Nahrung wieder unverdaut ausgewürgt wird und/

oder die Tiere einen wässrigen Kot absetzen. Auch bei einer Magen-Darmschleimhautentzündung sollte schnellstens ein Tierarzt aufgesucht und entsprechende Gegenmaßnahmen eingeleitet werden. Eine Blutvergiftung oder ein Durchbruch des Magen oder Darms führt sonst unweigerlich zum Tode der Agame.

7.4. Rachitis

Rachitis ist eine Störung des Stoffwechsels bei Jungtieren, die durch einen Vitamin-D_3-Mangel verursacht wird. Hierbei werden die Knochen nicht genügend mineralisiert und erscheinen dadurch weich. Diese weichen Knochen führen zu abnorm gestellten Extremitäten, zu Brüchen, Verkrümmungen der Wirbelsäule, des Beckens und der Kiefer. Aufgrund des weichen Kiefers ist dem Tier die Nahrungsaufnahme erschwert bis unmöglich. Die Fehlbildungen durch eine Vitamin-D_3-Unterversorgung sind nicht mehr

rückgängig zu machen und können als maximaler Heilungserfolg nur zum Stillstand gebracht werden. Auch bei ausgewachsenen Tieren kann es durch einen Vitamin-D_3-Mangel zu Schädigungen kommen. Dann wird nicht von Rachitis sondern von Osteomalazie gesprochen. Eine Rachitis bzw. Osteomalazie lässt sich durch die regelmäßige Gabe von Vitamin-D_3 vermeiden. Zusätzlich sollten die Tiere noch ausreichend mit UV-Licht bestrahlt werden. Für die Terraristik ist nur das UV-A und UV-B von Interesse, es reicht von etwa 260-400 nm. Die UV-Strahlung fördert die Bildung von Vitamin D_3 aus dem körpereigenen Provitamin D. Vitamin D_3 ist dringend erforderlich.

Diese *Pogona henrylawsoni* weist starke Veränderungen des Knochenbaus auf, eine fachgerechte Tötung der Agame sollte hier in Betracht gezogen werden.

Zusammen mit dem über die Nahrung aufgenommen Calcium ist es für den Knochenaufbau zuständig. Ebenfalls ist auf ein günstiges Calcium-Phosphor-Verhältnis zu achten (ideal ist ein Ca : P-Verhältnis von 1,0-1,5 : 1,0). Überwiegt der Phosphoranteil in der Nahrung, kommt es zu einer Überfunktion der Nebenschilddrüse und als Folge davon wird das Calcium aus den Knochen herausgelöst.

Nicht nur ein Vitaminmangel sondern auch eine Überdosierung ist gefährlich. So führt eine übermäßige Gabe an Vitamin D_3 zu Ablagerungen von Kalzium in den Organen. Angaben zum genauen Vitaminverbrauch sind keine bekannt. Deshalb kann eine Richtdosierung zur Zeit bedauerlicherweise nicht gegeben werden.

7.5. Häutungsprobleme

Mögliche Ursachen sind eine zu trockene oder zu kühle Haltung, ein schlechter Ernährungszustand, ein gestörter Flüssigkeitshaushalt, Vitaminmangel oder eine allgemeine Schwächung durch Krankheit, Milben, Pilzbefall oder das Fehlen rauher Gegenstände, die es den Bartagamen erleichtern, die alte Haut abzustreifen.

Alte Häutungsreste werden in einem warmen Bad eingeweicht und dann vorsichtig durch Reiben mit einem trockenen Frotteetuch entfernt. Bei sehr hartnäckigen Partien kann man es auch mit einer Pinzette und viel Fingerspitzengefühl versuchen. Besonders ist auf die Zehen und die Schwanzspitze zu achten, da gerade dort verbliebene Hautreste zu Abschnürungen und somit zum Absterben der entsprechenden Stellen führen können. Eventuell sollte Vitamin A und C verabreicht werden. Bei Bartagamen ist es als normal anzusehen, dass sie sich partiell häuten und nicht wie Geckos die komplette Haut abstreifen. Vereinzelt können an Körperstellen alte Hautreste zurückbleiben, die nicht in jedem Fall manuell entfernt werden müssen. Die betroffene Hautpartie sollte aber auf jeden Fall sorgfältig beobachtet werden, um Entzündungen oder einen möglichen, aber seltenen Pilzbefall frühzeitig zu erkennen.

7.6. „Hängende" Augenlider

Dieses Krankheitsbild ist bei Bartagamen nicht selten. Dabei hängt das untere Augenlid (eines oder beider Augen) ohne ersichtlichen Grund nach unten. Es scheint als ob es nach unten gezogen wird. Eine antibiotische Augensalbe und zusätzliche Vitamin-A-Gaben schaffen

Häufige Erscheinung: „Hängende" Augenlider.

meist Abhilfe. Eventuell sollte eine weitere Behandlung mit Antibiotikum in Erwägung gezogen werden.

So sollten die Augen gesunder Tiere aussehen.

7.7. Pilzbefall der Haut

Ein Pilzbefall der Haut wird oft erst spät erkannt. Die Ursache ist meist in langfristig fehlerhaften klimatischen Bedingungen zu finden. Betroffene Tiere waren oft zulange Zeit einer Staunässe ausgesetzt (z. B. zu feuchte Versteckmöglichkeiten) oder die Agamen hatten nach dem Sprühen nicht mehr die Gelegenheit abzutrocknen (z. B. zu niedrige Temperatur, schlechte Belüftung, am

Abend gesprüht usw.). Ideale „Pilzherde" können sich u. a. an schlecht gehäuteten Körperregionen, am Schwanz oder in Hautfalten befinden. Beim Tierarzt sollte eine Probe genommen werden, um einen Pilzbefall zu bestätigen. Die befallenen Stellen müssen vorsichtig gereinigt und eine antimykotische Salbe aufgetragen werden. Während der Therapie muss das befallene Tier möglichst auf Zeitungs- oder Fließpapier gehalten werden. Die Behandlung von Mykosen ist sehr mühsam und langwierig.

Umständen sogar wieder zu Fressen beginnt. Das rechtzeitige Erkennen einer Legenot ist nicht einfach! Der stressbedingten Legenot kann sehr gut durch entsprechende Haltungsbedingungen und der Vorbereitung geeigneter Eiablageplätze vorgebeugt werden.

Nicht abgelegte Eier werden, sofern sie in der Leibeshöhle verbleiben, nicht mehr resorbiert, sondern verkäsen und verkleben mit dem Eileiter, was unweigerlich zu einer eitrigen Entzündung des Eileiters und somit zum Tode führt. Mit et-

7.8. Legenot

Unter Terrarienbedingungen ist eine stressbedingte Legenot die häufigste Form. Als Ursache sind fehlende oder ungeeignete Eiablageplätze anzusehen. Weitere Ursachen einer Legenot können allgemeine Erkrankungen und Mangelerscheinungen des trächtigen Weibchens, eine übermäßig hohe Eianzahl des Geleges sowie Anomalien der Eier (z. B. zu groß, mißgestaltet usw.) sein.

Die Legenot äußert sich dadurch, dass das trächtige Weibchen seine Probegrabungen und das ständige Umherlaufen einstellt und sich wieder scheinbar normal verhält, unter

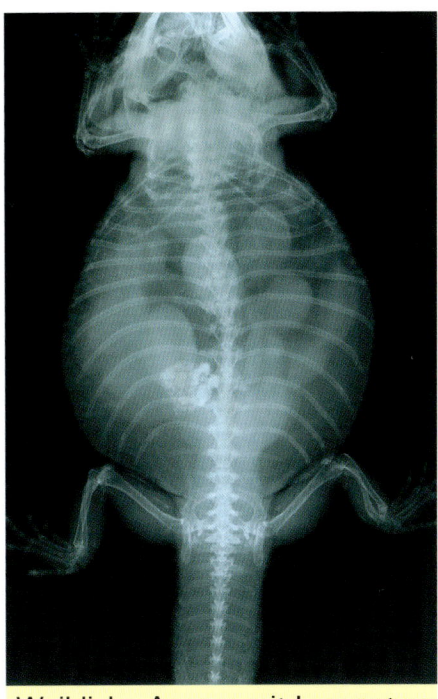

Weibliche Agame mit Legenot.

was Glück setzt die Bartagame die Eier wahllos im Terrarium ab. Dieses Verhalten nennt man Verwerfen. Unbedingt ist nach dem Verwerfen von Eiern die Bartagame zu kontrollieren, ob auch alle Eier abgesetzt und kein Ei zurückbehalten wurde. Mittels Röntgen- oder Ultraschalluntersuchung ist in der Regel ein eindeutiges Ergebnis erzielbar. Das Abtasten nach Eiern erfordert Übung. Man sollte es sich erstmals von einem erfahrenen Terrarianer oder Tierarzt zeigen lassen.

Sollte eine Legenot vorliegen, ist umgehend der Tierarzt aufzusuchen, der durch eine entsprechende Therapie mittels Kalzium und dem wehenfördernden Hormon Oxytocin versuchen wird, die Eiablage einzuleiten. Sollte auch dies nicht zum Erfolg führen, ist zur Rettung der trächtigen Bartagame nur noch ein chirurgischer Eingriff möglich.

7.9. Verletzungen

Wunden entstehen meist durch gegenseitiges Beißen der Bartagamen. Hierbei kommt es oft vor, dass sich Jungtiere gegenseitig die Schwanzspitze oder auch Zehen abbeißen. Bei größeren Tieren entstehen Bissverletzungen meist im Bereich des Genicks, der Schwanzwurzel

und der Extremitäten. Kleinere Verletzungen (ohne starke Blutungen) sollten gereinigt und desinfiziert werden (z. B. mit Betaisodona®-Lösung). Bei schwerwiegenden Verletzungen, hochgradigen Verbrennungen oder eventuellen Schwanz- bzw. Beinamputationen sollte die Therapie ausschließlich in Abstimmung mit dem fachkundigen Tierarzt stattfinden.

Bei Paarungsversuchen kann es zu Verletzungen im Nackenbereich der weiblichen Agamen kommen.

7.10. Darm- und Hemipenisvorfall

Die möglichen Gründe eines Darmvorfalles sind vielfältig; so werden u. a. Parasitenbefall, allgemeine Schwächung des Tieres, innere Austrocknung oder Kotstau als Auslöser angesehen.

Zu einem Hemipenisvorfall kommt es meist aus mechanischen Gründen, wenn z. B. nach der Paarung der Hemipenis verletzt wird. Bedingt durch die Verletzung kann er dann nicht mehr selbständig zurückgezogen werden.

In beiden Fällen muss das Tier so schnell wie möglich in tierärztliche Behandlung. Um ein Austrocknen des entsprechenden Gewebes zu verhindern ist es ratsam dieses feucht zu halten.

Leichte Missbildungen, wie z. B. nur ein Auge vorhanden oder...

7.11. Missbildungen

Die Ursachen, die zu Missbildungen führen, sind mannigfaltig. Eine exakte Erklärung ihrer Entstehung ist meist nicht möglich. Ursachen wie z. B. Inzucht (genetisch bedingte Schädigungen), Vergiftungen durch genverändernde Substanzen, Mangelerscheinungen (Vitaminmangel, Unterernährung) oder fehlerhafte Inkubation (z. B. das Gelege zu kühl bzw. zu warm gezeitigt) sind vorstellbar. Leichte Missbildungen, die das betroffene Tier nicht behindern, sind nur kleine Schönheitsfehler. Es sollte selbstverständlich sein, diese Tiere nicht zur Zucht einzusetzen. Bei schwerwiegenden Fällen, wenn das Tier leidet oder nicht lebensfähig ist, ist es besser die Agame einschläfern zu lassen.

...Anomalien am Schwanzende...

...sind in der Regel nicht weiter tragisch.

8. Hilfen zur Auswahl geeigneter Tiere

Vor der Anschaffung einer Bartagame sollte man sich zu folgenden Punkten Gedanken machen:

Die Einstellung aller Familienmitglieder zur Haltung eines Reptils, besonders auch im Hinblick auf die Futtertiere.

Die Lebenserwartung und die damit verbundene jahrelang zu übernehmende Verantwortung gegenüber dem Tier.

Die Versorgung des Tieres während der Urlaubszeit.

Die Finanzierung der laufenden Kosten (Futter, Strom, Terrarien, Tierarzt).

Die Tiere sollten einen aufgeweckten Eindruck machen.

Steht der Anschaffung einer Bartagame nun nichts mehr im Wege, das Terrarium ist aufgestellt und eingerichtet, die Temperaturbereiche sind entsprechend eingestellt, so führt der nächste Weg zum Tierhändler oder einem privaten Züchter, von dessen Erfahrung man profitieren und offene Fragen beantworten lassen kann.

Man sollte das Terrarium betrachten, in dem die ausgewählte Bartagame gepflegt wird, und urteilen, ob die Unterbringung „artgerecht" ist. Sind in dem Terrarium offensichtlich kranke bzw. stark abgemagerte oder sogar tote Tiere vorhanden, kann von einer Anschaffung nur abgeraten werden.

Die ausgewählten Tiere sind einer genauen Prüfung zu unterziehen. Der Ernährungszustand sollte so gut sein, dass zum einen keine Knochen (im besonderen an der Basis des Schwanzes) hervorstehen und zum anderen das Tier nicht verfettet ist, was schwieriger zu beurteilen ist.

Des Weiteren sind die Extremitäten auf abnorme Stellungen zu überprüfen. Auch sollte die Wirbelsäule gerade und ohne Krümmungen verlaufen.

Das ausgewählte Tier muss seine Umgebung aufmerksam beobachten und klare Augen zeigen. Jungtiere schließen jedoch häufig ihre Augen, wenn sie auf die Hand genommen werden, was nicht als Krankheitszeichen zu deuten ist.

Das Maul und die Nasenlöcher müssen frei von schleimigen Flüssigkeiten oder Belägen sein. Die Kloake muss geschlossen und nicht mit Kot verschmiert sein.

Ein Befall mit Milben ist sehr kritisch abzuwägen. Um sich keine zusätzlichen Probleme zu schaffen, sei gerade dem Neuling in der Terraristik von der Anschaffung milbenbefallener Bartagamen abgeraten.

Eine abgebissene Schwanzspitze oder abgebissene Zehen werden nicht regeneriert. Sie stellen jedoch einen Schönheitsfehler dar, der nicht vom Erwerb eines ansonsten gesunden Tieres abhalten sollte.

Die Augen der Jungtiere müssen nicht unbedingt immer geöffnet sein; sie schließen ihre Augen häufig, insbesondere bei einer Störung.

9. Das Verhalten der Bartagamen

Bei der Pflege von Bartagamen kann grundsätzlich nur ein männliches Tier pro Terrarium gehalten werden. Auch bei einer Haltung von mehreren Männchen, die gemeinsam aufgewachsen sind, bleibt das Separieren nach Erreichen der Geschlechtsreife meist nicht aus. Mehrere männliche Bartagamen in einem Behälter sind nur dann verträglich, wenn das Terrarium zum einen sehr groß und zum anderen reichhaltig strukturiert ist, so dass die Tiere nicht in ständigem Sichtkontakt sind. Die Haltung eines einzelnen Tieres ist problemlos möglich, wobei hier eine männliche Bartagame zu empfehlen ist. Bei weiblichen Tieren können sich nach Erreichen der Geschlechtsreife in der Einzelhaltung Probleme einstellen, da sie unter Umständen auch ohne Befruchtung Gelege ausbilden. Wenn man eine Gruppe halten möchte, können zu einem männlichen Tier bis zu drei weibliche Tiere hinzugesellt werden. Dieses Verhältnis sollte nicht überschritten werden, da das Männchen die Gruppe ansonsten nicht mehr kontrollieren kann. Tritt dieser Fall ein, so steht das Männchen unter permanentem Stress und findet während des Tages kaum noch Ruhe. Bartagamen

Beim Imponieren wird der "Bart" schwarz gefärbt.

Treffen zwei männliche Bartagamen aufeinander folgen in der Regel Rangordnungskämpfe.

beobachten ihre Umwelt sehr aufmerksam. In ihrer Wahrnehmung spielen optische Reize eine sehr große Rolle. Der Geruchs- und der Hörsinn sind weniger ausgeprägt als der optische Sinn. Ein neues Umfeld oder neue Einrichtungsgegenstände im Terrarium werden jedoch interessiert mit der Zunge berührt. Durch dieses „Bezüngeln" werden Duftstoffe zum Gaumendach befördert, wo sich das Jacobson´sche Organ befindet. Dieses Organ dient zur Wahrnehmung von Duftstoffen.

Bartagamen besitzen eine ausgeprägte innerartliche Kommunikati-on. Männchen sitzen zur Kontrolle ihres Reviers gerne auf erhöhten Plätzen, von wo aus sie ihr gesamtes Territorium überblicken können. Ranghohe Weibchen zeigen ein ähnliches Verhalten. Hierzu sind Aufbauten aus Steinen oder Ästen geeignet. Werden andere Bartagamen erblickt, wird der Revieranspruch mit schnellen Nickbewegungen des Kopfes bekräftigt. In der Rangordnung tiefer gestellte Tiere reagieren hierauf mit einer langsameren und weniger heftigen Nickbewegung und pressen den Körper flach auf den Bodengrund. Eine weitere Geste zur Beschwichtigung der überlegeneren Agame ist das sogenannte „Ärmchendrehen". Hierbei beschreiben die vorderen Beine abwechselnd von hinten nach vorne einen Kreis. Sollte die ranghöhere Echse nicht besänftigt werden, wird sie ihre Überlegenheit demonstrieren, indem sie sich an den Hinterkopfstacheln des in der Rangfolge tiefer stehenden Tieres festbeißt. Treffen zwei gleich starke Bartagamen aufeinander, von denen sich keine unterordnen möchte, kommt es zu einem Kampf. Meistens handelt es sich bei den Kämpfenden um zwei Männchen. Gelegentlich widersetzen sich aber auch weibliche Bartagamen den Männchen. Kommt es zum Kampf, so platten beide Individuen ihre Körper zur Körpermitte hin ab, um größer zu wirken, und drehen sich dem Kontrahenten entgegen. Gleichzeitig wird der nun schwarz gefärbte „Bart" gestellt. Die beiden kämpfenden Echsen umkreisen sich und versuchen immer wieder den Gegner zu beißen. Gelingt dies einem der Kontrahenten, so wird die unterlegene Bartagame durch die oben beschriebenen Gesten versuchen, das überlegene Tier zu beschwichtigen. Zwei männliche Bartagamen versuchen meistens sich gegenseitig an der Schwanzwurzel zu packen. Ist eines dabei erfolgreich, wird es das andere hochheben und kräftig schütteln. Sobald sich der Unterlegene nach einer solchen Attacke wieder bewegt, wird der Ranghöhere ihm wieder nachsetzen. In der freien Natur hätte die unterlegene Agame die Möglichkeit, das Revier zu verlassen. In einem Terrarium treffen die beiden Kontrahenten zwangsläufig immer wieder aufeinander, was für beide zu Dauerstress führt.

Diese Rangordnungskämpfe sind ein natürliches Verhalten und deuten nicht auf einen aggressiven Charakter hin. Die Bartagamen fügen sich hierbei unter Umständen schwerwiegende Verletzungen zu.

Das Kopfnicken des Männchen mit einer entsprechend langsameren Reaktion („Antwort") des Weibchens geht auch der Paarung voraus. Hierbei wird der Körper allerdings nicht abgeflacht und auch das Umkreisen entfällt.

Das sogenannte „Ärmchendrehen" kann man ebenso wie das Bartstellen bereits bei Jungtieren beobachten. Das Nicken als Form der Kommunikation tritt später in Erscheinung. Meist kann das erste Nicken mit Erreichen der Geschlechtsreife beobachtet werden.

10. Die Geschlechtsbestimmung

In den meisten Fällen kann eine Geschlechtsbestimmung nur aufgrund sichtbarer Merkmale stattfinden. Es ist von Vorteil hierzu mehrere annä-

Hemipenistaschen als eine Verdickung im Bereich des Schwanzansatzes erkennen. Mit Erreichen der Geschlechtsreife sind bei männlichen Bartagamen deutliche Poren auf der Unterseite der Oberschenkel der Hinterextremitäten zu erkennen. Das sind die sogenannten Schenkelporen, auch Femoralporen genannt. Diese fehlen den Weibchen oder sind nur sehr schwach ausgeprägt. Die Statur männlicher Bart-

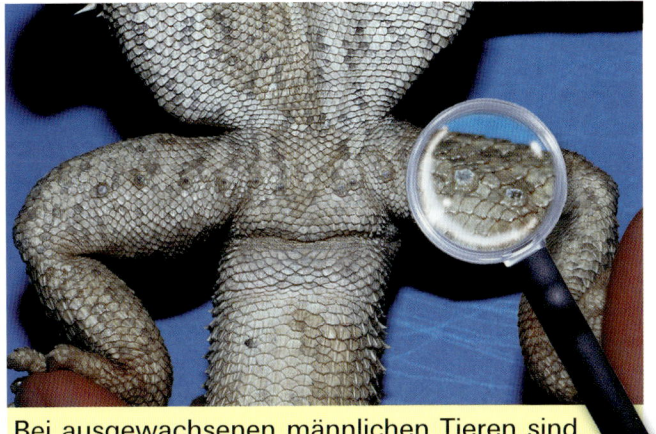

Bei ausgewachsenen männlichen Tieren sind die Femoralporen deutlich zu erkennen...

hernd gleich alte und gleich große Tiere im direkten Vergleich zu betrachten. Bei männlichen Bartagamen ist in der Regel die Fähigkeit den Bart schwarz zu färben deutlicher ausgeprägt und der Kopf eines männlichen Tieres eher vom Hals abgesetzt als bei einer weiblichen Agame. Des Weiteren lassen sich bei einer seitlichen Betrachtung die

agamen erscheint meist drahtiger.

...im Gegensatz zu den Weibchen.

Wenn Bartagamen die Geschlechtsreife erlangt haben, können sie auch kontrolliert zusammengesetzt werden, um aus ihrem Verhalten Rückschlüsse auf das Geschlecht zu ziehen.

Bei diesen vergleichenden Bestimmungsmöglichkeiten ist die Trefferquote um so höher, je älter die Tiere sind. Bei Jungtieren ist eine Geschlechtsbestimmung aufgrund optischer Unterscheidungen nur mit viel Übung möglich.

Die hier beschriebene Bestimmungsmethode aufgrund der Bartfärbung, der Statur und des Verhaltens ist sehr unsicher, da hin und wieder diese Merkmale bei Weibchen stärker ausgeprägt sein können als bei Männchen.

Das Sondieren, die bei Reptilien häufig angewandte Methode der Geschlechtsbestimmung, bei der mit einem dünnen abgerundeten Metallstab (Knopfsonde) die Länge der Hemipenis- bzw. Hemiclitoristaschen ausgemessen wird, ergibt für die meisten Agamengattungen, darunter auch die Bartagamen, kein vernünftiges Ergebnis. Somit entfällt diese Möglichkeit.

Als letzte Methode kann der Tierarzt eine Endoskopie durchführen. Hierbei handelt es sich um einen operativen Eingriff, bei dem eine Sonde mit optischer Einrichtung in die Bauchhöhle des Tieres eingeführt wird. Mit dieser kann erkannt werden, ob bei dem untersuchten Tier Hoden oder Eierstöcke vorhanden sind. Da es sich um einen chirurgischen Eingriff handelt, muss diese Methode eher die große Ausnahme darstellen, da jeder operative Eingriff ein Risiko für die Gesundheit des Tieres darstellt.

Eine sichere Geschlechtsbestimmung bei frisch geschlüpften Jungtieren ist nur eingeschränkt möglich.

11. Zucht und Aufzucht

Wichtige Voraussetzung zur erfolgreichen Zucht von Bartagamen ist die Einhaltung der Winterruhe, da erst hierdurch die Reifung der Eizellen und Spermien ermöglicht wird.

Bei der Paarung ergreift das Männchen mit einem Biss das Weibchen an der Stachelreihe der hinteren Kante des Kopfes. Die Kloake wird auf die des Weibchens gepreßt und es erfolgt die Kopulation. Ist die Paarung erfolgreich verlaufen, dauert die nun einsetzende Trächtigkeit etwa 40 Tage.

Während der Trächtigkeit benötigt das Weibchen zur Bildung der Eischalen vermehrt Mineralstoffe. Eine zusätzliche Vitamin- und Mineralstoffversorgung ist daher unerläßlich. Innerhalb eines Jahres kann eine Bartagame bis zu drei Gelege produzieren. Einzelne Tiere bilden auch mehr als drei Gelege, was jedoch die Ausnahme darstellt. Gewöhnlich bilden weibliche *Pogona vitticeps* im ersten Jahr noch kein Gelege aus. Die Anzahl der Gelege pro Jahr steigert sich bis zu einem Lebensalter von 3-4 Jahren, und fällt anschließend wieder ab.

Von verschiedenen Züchtern wurde für weibliche *P. vitticeps* die Fähigkeit zur Speicherung von Sperma nachgewiesen.

In der Regel bestehen Gelege aus 15-27 Eiern. Große Weibchen können auch Gelege mit über 40 Eiern absetzen. Die Eier sind von ovaler Form und weichschalig. Zum Ablagezeitpunkt sind sie durchschnittlich 30 mm lang und 18 mm breit. Die Eihaut ist

Paarungsversuch von *Pogona vitticeps*.

Während der Eiablage sollte das Tier nicht gestört werden.

rauh und 65-95 µm dick. Während der Zeitigung nimmt das Volumen der Eier zu, so dass sie kurz vor dem Schlupf der Jungtiere auf eine durchschnittliche Größe angewachsen sind, die rund 30% über den Werten bei der Eiablage liegen.

Die Trächtigkeit ist optisch häufig nicht erkennbar. Die Gefahr einer Legenot stellt sich ein, wenn das Weibchen keine geeignete Stelle zur

Bei der Eiablage kann das Weibchen bis zum Boden graben.

Das Gelege wird zur künstlichen Zeitigung vorsichtig ausgegraben.

Das Weibchen verdichtet den Bodengrund über dem Gelege.

Eiablage vorfindet. Zu einer erfolgreichen Eiablage ist es unbedingt erforderlich, das Bodensubstrat an einer oder mehreren Stellen vorzubereiten. Der Bodengrund muss mindestens 15-25 cm aufgeschichtet werden. Die Bartagame benötigt zur Ablage eine Substrathöhe, die ihrer Kopf-Rumpf-Länge entspricht, um sich ausreichend tief eingraben zu können. Das aufgehäufte Substrat wird so angefeuchtet, dass der

Die Eier **(links)** liegen schon längere Zeit im Brutsubstrat und konnten durch Wasseraufnahme, im Vergleich zu den Eiern rechts, an Größe zunehmen.

nimmt im gesamten Terrarium Probegrabungen. Je nach Agamen- und Gelegegröße zeichnen sich die Eier deutlich an der Flanke des Weibchens ab. Die anderen Bewohner sollten aus dem Terrarium entfernt werden, um dem trächtigen Weibchen eine ungestörte Ablage zu ermöglichen. Die eigentliche Ablage findet meist in den späten Nachmittagsstunden statt und ist durchschnittlich innerhalb von 2 ½ Stun-

Bodengrund feucht aber noch nicht nass ist. Da die Bartagame den Eiablageplatz frei auswählt, ist es sinnvoll, mehrere Stellen zu präparieren. Diese Stellen sollten so ausgesucht werden, dass unterschiedliche Temperaturen an den angebotenen Plätzen vorzufinden sind. Rückt der Zeitpunkt der Eiablage näher, stellt das Weibchen normalerweise die Nahrungsaufnahme ein und unter-

Kurz vor dem Schlupf bilden sich kleine Wassertropfen auf der Schale.

Die jungen Bartagamen schlüpfen in einem Abstand von bis zu 7 Tagen,...

den beendet. Anschließend wird die Eigrube zugescharrt und das Weibchen verdichtet den Bodengrund mittels kräftiger Kopfstöße. Sobald das Weibchen das Zudecken des Geleges beendet hat, können die Eier aus dem Terrarium entnommen werden. Bei der Entnahme ist darauf zu achten, dass die Eier nicht gedreht werden, da der Embryo im Laufe der Inkubation an der Eihaut festwächst (im Gegensatz zu Vogeleiern) und durch eine Lageänderung des Eis

unweigerlich abstirbt. Die Eier werden in einen bereits vorbereiteten Inkubator (Motor- oder Flächen-

...verlassen aber schnell die Eischale.

Sphagnum als Brutsubstrat zu verwenden ist nicht mehr üblich...

brüter, z. B. Jäger-Kunstglucke) überführt und vorzugsweise in feuchtes, auf keinen Fall nasses, Vermiculite (mittlere Körnung) gebettet. Hierbei werden die Eier vorsichtig zu drei Viertel in das Zeitigungssubstrat eingegraben. Die Oberseite der Eier bleibt für Kontrollzwecke unbedeckt. Außer-

dem wird den Eiern ein Gasaustausch erleichtert. Bei einer relativen Luftfeuchtigkeit von 90-100% und einer Temperatur von 28 °C bis maximal 30 °C dauert es bis zum Schlupf der Jungtiere durchschnittlich 55 Tage. Der obere Wert von 30 °C sollte nach Möglichkeit nicht überschritten werden, da sonst das Gelege Schaden nimmt und vermehrt nicht lebensfähige bzw. missgebildete Jungtiere schlüpfen oder die Embryonen nicht stark genug sind um aus dem Ei zu schlüpfen. Das Weibchen kann bereits drei Wochen später das nächste Gelege absetzen.

Die frisch geschlüpften Jungtiere weisen eine Gesamtlänge von 8-10 cm und eine Kopf-Rumpf-Länge von 4,2-4,5 cm auf. Die kleinen Agamen werden, nachdem die Bauchdecke vollständig geschlossen ist, direkt in Aufzuchtterrarien umgesetzt. Diese entsprechen in ihrer Einrichtung, der Beleuchtung und der Temperatur denen der adulten Tiere. Eine Aufzucht bei den

...kann aber durchaus effektiv sein.

Frisch geschlüpfte Tiere weisen eine Gesamtlänge von bis zu 10 cm auf.

Elterntieren ist nicht möglich, da die Jungtiere als Futter angesehen werden. Die kleinen Agamen können zu-

Frisch geschlüpfte *P. vitticeps*.

nächst in größeren Gruppen aufgezogen werden. Jungtiere mit einer noch nicht geschlossenen Bauchdecke oder mit einem noch anhängenden Dottersackrest werden in separate Terrarien gesetzt, die von der Temperatur und der relativen Luftfeuchtigkeit den Bedingungen im Brutapparat entsprechen. Als Bodensubstrat sollte Zeitungs- oder Fließpapier der Vorzug gegeben werden. Hier sei angemerkt, dass besonders zu feines Zeitigungssubstrat Risiken für die Schlüpflinge birgt, da der Einschluss

von Fremdkörpern in Körper-
öffnungen, z. B. auch bei einer noch
nicht geschlossenen Bauchdecke,
nicht hundertprozentig vermieden
werden kann.

Im Alter von drei Tagen nehmen die
Jungtiere gewöhnlich das erste Futter an. Das Futter sollte nicht zu leb-
haft sein, da die Schlüpflinge das
Fangen und Erbeuten von Insekten
erst lernen müssen. Bis zu einem Alter von zwei bis drei Wochen können die Jungtiere in größeren Gruppen zusammen gehalten werden.

Zum Vergleich: Eine zwei Monate
alte *P. vitticeps* **(links)** und eine
frisch geschlüpfte *Pogona henrylawsoni* **(rechts)**.

Anschließend sollten sie auf kleinere Gruppen ihrer Größe entsprechend aufgeteilt werden, da in diesem Alter bereits die ersten Ausein-
andersetzungen für die Entstehung
einer Rangordnung stattfinden.

Bei gemeinsamer Haltung von Jungtieren kann es passieren, dass einzelne Tiere des Geleges ihren Ge-
schwistern Schwanzspitzen oder
Zehen abbeißen. Dieses Verhalten
tritt unabhängig vom Ernährungszustand der Echsen auf. Es ist auch
nicht geschlechtsgebunden, da
Männchen und Weibchen in glei-
chem Maße dazu neigen. Eventuell
handelt es sich hierbei lediglich um
eine Art orale Phase, in der auch
Steine und Äste neugierig mit dem
Maul erkundet werden. Abgebissene Körperteile werden nicht regeneriert, stellen aber in den meisten Fällen lediglich einen Schönheitsfehler
dar, der die betroffenen Tiere nicht
weiter beeinträchtigt.

Je nach Aufzuchtbedingungen erreichen die Bartagamen im Alter von
einem Jahr bereits Gesamtlängen
von über 40 cm und sind unter Umständen sogar schon geschlechtsreif.
In der Regel kann davon ausgegangen werden, dass Bartagamen ein
Lebensalter von bis zu 10 Jahren, in
Einzelfällen auch sogar bis zu
12 Jahren, erreichen können.

12. *Pogona barbata* im Terrarium

12.1. Terrarium

Das Terrarium für *P. barbata* wird bezüglich Größe, Beleuchtung, Heizung und UV-Beleuchtung, Bodengrund, Steinaufbauten und Ästen zum Klettern genauso gestaltet wie bereits für *P. vitticeps* beschrieben.

12.2. Pflege

Für die Aufstellung des Terrariums, die Steuerung des Tag-/Nacht-rhythmus, der Winterruhe und der Durchlüftung des Terrariums gilt ebenfalls das bereits bei *P. vitticeps* Geschilderte.

Allerdings ist bei *P. barbata* im Vergleich zu *P. vitticeps* eine etwas niedrigere Temperatur und eine höhere relative Luftfeuchtigkeit erforderlich. Das bedeutet, dass die Tageshöchstwerte der Grundtemperatur im Sommer bei 20 °C liegen sollten. Eine nächtliche Absenkung der Temperatur auf 15 °C ist als ideal zu be-

Pogona barbata aus der Nähe von Brisbane, Queensland.

Frisch geschlüpfte *Pogona barbata*.

ßig angewärmtes Wasser versprüht wird. Auch bei der Pflege von *P. barbata* sollte darauf geachtet werden, dass der Bodengrund des Terrariums nicht durchnäßt. Eine Möglichkeit zur Steigerung der relativen Luftfeuchtigkeit stellt die Verkleinerung der Lüftungsflächen dar, allerdings nur insoweit, dass eine ausreichende Frischluft-Versorgung des Terrariums sichergestellt ist. Die Feuchtigkeit sollte über den Jahresverlauf veränderlich (Trokken- und Regenzeiten) gestaltet werden. Das bei *P. vitticeps* über die Hygiene, das Futter, den Umgang mit den Tieren, das Verhalten, die Geschlechtsbestimmung, die Zucht und Aufzucht sowie die häufigsten Krankheitsbilder Gesagte, gilt uneingeschränkt auch für *P. barbata*.

zeichnen. Auch hier muss selbstverständlich ein Platz unter einem Spotstrahler mit Temperaturen von bis zu 45 °C angeboten werden. Während des Winters ist die Grundtemperatur auf unter 18 °C mit einer nächtlichen Abkühlung auf bis zu 15 °C zu senken, um die natürlichen Bedingungen nachzuahmen. Eine relative Luftfeuchtigkeit von rund 70% wird erzielt, indem im Terrarium regelmä-

13. *Pogona henrylawsoni* im Terrarium

13.1. Terrarium

Das Terrarium für *P. henrylawsoni* wird bezüglich Größe, Beleuchtung, Heizung, UV-Bestrahlung, Bodengrund und Steinaufbauten genauso gestaltet wie bereits für *P. vitticeps* beschrieben. Äste sind für diese Art von untergeordneter Bedeutung, da die Lawsons Bartagame in geringerem Ausmaß klettert.

13.2. Pflege

Für die Aufstellung des Terrariums, die Steuerung des Tag-/Nachtrhythmus, der Winterruhe und der Durchlüftung des Terrariums gilt das bereits bei *P. vitticeps* Geschilderte. Die relative Luftfeuchtigkeit sollte auf dem Niveau der für *P. vitticeps* empfohlenen Werte liegen. Allerdings sind die Temperaturen etwas

Pogona henrylawsoni bei einem Paarungsversuch.

Krankheitsbilder Gesagte, gilt ebenfalls für *P. henrylawsoni*. Der Zeitraum zwischen Paarung und Eiablage ist allerdings geringer und beträgt ca. 30 Tage. Die Eizahl pro Gelege ist mit durchschnittlich 12-19 Eiern ebenfalls kleiner. Einzelne Gelege können aus bis zu 25 Eiern bestehen. Zeitigungsbedingungen und -dauer gleichen wiederum der Beschreibung bei *Pogona vitticeps*.

ausgeprägter zu gestalten. So ist während des Sommers die Grundtemperatur bei rund 30 °C einzuregeln mit einer nächtlichen Absenkung auf Werte zwischen 20 und 25 °C. Während des Winters müssen die Tageshöchstwerte auf unter 18 °C gesenkt werden. Ein wärmerer Platz innerhalb des Terrariums mit 40 °C sollte den Bartagamen aber immer zur Verfügung stehen. Der wärmere Sonnenplatz ist auch hier zeitlich so zu steuern, dass sich die erforderlichen Grundtemperaturen einhalten lassen. Die Nachtabsenkung in den Wintermonaten ist auf 15 °C erforderlich.

Das bei *P. vitticeps* über die Hygiene, das Futter, den Umgang mit den Tieren, das Verhalten, die Geschlechtsbestimmung, die Zucht und Aufzucht sowie die häufigsten

Ein trächtiges Weibchen.

P. henrylawsoni bei der Eiablage.

Jungtier beim Schlupf.

Es sei hier nochmals darauf hingewiesen, dass im Verbreitungsgebiet
dieser Bartagame ausgeprägte Regenzeiten während der Sommermonate vorherrschen. Diese Regenzeiten dürfen nicht mit einer dauerhaft
feuchten, abgestandenen Luft
gleichgesetzt werden. Vielmehr er-
gehen kurze heftige Regenschauer,
nach deren Ende die relative Luftfeuchtigkeit wieder auf erträgliche
Werte absinkt. Bei der Nachahmung
dieser regenreichen Phase ist zu beachten, dass die
Monate Januar
und Februar im
australischen
Sommer liegen
und somit in un-
seren Breiten-
graden wäh-
rend der Mona-
te Juli und Au-
gust simuliert
werden.

Jungtiere von *Pogona henrylawsoni*.

Eine Kreuzung zwischen *P. mitchelli* und *P. henrylawsoni*, aufgenommen im Quarantänebereich des Museums A. Koenig, Bonn. Nach HAUSCHILD & BOSCH (1997) sind noch Hybriden zwischen *vitticeps* × *henrylawsoni* und *mitchelli* × *minor* bekannt geworden. Interessanterweise scheinen alle Bastarde wieder fortpflanzungsfähig zu sein.

14. Danksagung

Mein Dank gebührt all den Menschen, die mich an ihren Erfahrungen im Laufe der Jahre teilhaben ließen. Dies geschah in vielen persönlichen Gesprächen und etlichen am Telefon verbrachten Stunden. Dank gebührt ebenfalls jenen, die mir Ihre Probleme bei der Haltung ihrer Bartagamen persönlich schilderten und sich in Diskussionsforen einbrachten, da sie mich für die Fragestellungen eines Anfängers in der Bartagamenhaltung sensibilisierten. Bei Robert Browne-Cooper, Peter Buchert, Alexander Hildebrand, R. E. Johnstone (Nature Focus), Hannes Kirchhauser, A. Kirschner, M. Lepper, Glen O´Shea, Dieter Ruf, Dr. H. Spörle, K. Stepnell (Nature Focus), S. Swanson (Nature Focus), Steve Wilson und Thomas Winkelblech bedanke ich mich herzlich für die großzügige Überlassung des Bildmaterials. Ohne die selbstlose Unterstützung von Prof. Dr. Wolfgang Böhme (Museum Alexander Koenig, Bonn), Dirk Marterer, Dieter Ruf und Diana Zimmermann wären viele der Aufnahmen nicht zustande gekommen. Herausheben möchte ich zwei, mir nahestehende Menschen: An allererster Stelle sei hier meine Frau Uta Charlotte genannt, die mich und mein Hobby immer mit voller Akzeptanz unterstützte und mir auch bei diesem Werk tatkräftig zur Seite stand. Ohne ihr Zutun wäre dieses Buch nie entstanden, geschweige denn gelungen. Weiter möchte ich mich auch bei meinem Sohn Amon Sidney bedanken, der etliche Stunden auf seinen Vater verzichten musste.

15. Weiterführende und ergänzende Literatur

BUNDESMINISTERIUM FÜR ERNÄHRUNG, LANDWIRT-SCHAFT UND FORSTEN, REFERAT TIERSCHUTZ (1997): Gutachten über die Mindestanforderungen an die Haltung von Reptilien vom 10. Januar 1997. – DGHT, Rheinbach, 78 S.

COGGER, H. G. (2000): Reptiles & Amphibians of Australia. – Cornell University Press, Ithaca, New York, 808 S.

EGRETZBERGER, G. (1997): Bemerkungen zur Haltung und Zucht dreier Bartagamen-Arten der Gattung *Pogona* STORR, 1982. – Jahrbuch für den Terrarianer, Österreichische Interessensgemeinschaft, Fachgruppe Terraristik, Krenglbach, Österreich, Band 4: 10-20.

FRIEDRICH, U. & W. VOLLAND (1998): Futtertierzucht. – Ulmer Verlag, Stuttgart, 187 S.

FRITH, C. & D. FRITH (1991): Australian Tropical Reptiles & Frogs. – Frith & Frith Books, Malanda, Queensland, 70 S.

GRENARD, S. (1999): The Bearded Dragon. – Howell Book House, New York, 126 S.

HAUSCHILD, A. (2000): Ein Evergreen: Bartagamen im Terrarium. – Reptilia, Münster, 5 (5): 28-32.

HAUSCHILD, A. & H. BOSCH (1997): Bartagamen und Kragenechsen. – Natur und Tier-Verlag, Münster, 95 S.

HOSER, R. (1997): *Pogona* - From an Australian Perspective. – Reptilian, High Wycombe, Bucks, 5 (2): 27-41.

JAROFKE, D. & J. LANGE (1993): Reptilien - Krankheiten und Haltung. – Verlag Paul Parey, Berlin, 188 S.

JAHN, J. (1980): Lebendfutter. – Albrecht Philler Verlag , Minden, 144 S.

KÖHLER, G. (1996): Krankheiten der Reptilien und Amphibien. – Ulmer Verlag, Stuttgart, 168 S.

KÖHLER, G. (1997): Inkubation von Reptilieneiern. – Herpeton Verlag, Offenbach, 205 S.

MANTHEY, U. & N. SCHUSTER (1992): Agamen. – Herpetologischer Fachverlag, Münster, 120 S.

MÜLLER, M. J. (1996): Handbuch ausgewählter Klimastationen der Erde. – Metersdorf (Uni. Trier Forschungsstelle Bodenerosion), 400 S.

NIETZKE, G. (1998): Die Terrarientiere, Band 2. – Ulmer Verlag, Stuttgart, 366 S.

PETHER, J. (1997): Captive Breeding. – Reptilian, High Wycombe, Bucks, 5 (2): 54-57.

PFLUGMACHER, S. (1984): Haltung und Zucht der Australischen Bartagame *Amphibolurus vitticeps* LOVERIDGE, 1934. – Sauria, Berlin, 6 (3): 9-11.

PFLUGMACHER, S. (1986): Bemerkungen über die Paarung und Zucht von *Amphibolurus vitticeps*. – herpetofauna, Weinstadt, 8 (45): 31-34.

RAUH, J. (2000): Grundlagen der Reptilienhaltung. – Natur und Tier-Verlag, Münster, 215 S.

ROGNER, M. (1992): Echsen 1. – Ulmer-Verlag, Stuttgart, 281 S.

ROTHENHÖFER, P. (2000): Die Bartagame. – DATZ, 53 (10): 12-17.

SCHLEICH, H. H. & W. KÄSTLE (1988): Reptile Egg-Shells SEM Atlas. – Gustav Fischer Verlag, Stuttgart, 123 S.

STÖSSEL, T. (1993): *Pogona barbata* (CUVIER). – Sauria, Suppl., Berlin, 15 (1-4): 257-260.

VOSJOLI, P. DE & R. MAILLOUX (1993): The General Care and Maintenance of Bearded Dragons. – Advanced Vivarium Systems, Lakeside, California, 63 S.

WEIGEL, J. (1995): Care of Australian Reptilies in Captivity. – Reptile Keepers Association, Grosford, New South Wales, Australia, 144 S.

WEIS, P. & P. WEIS (1998): Advances in the Breeding and Husbandry of Bearded Dragons. – Reptiles, Mission Viejo, Carlifornia, April 1998: 10-19.

WILSON, S. K. & D. G. KNOWLES (1988): Australia´s Reptiles. – William Collins Pty. Ltd., Sydney, New South Wales, 477 S.

ZIMMERMANN, E. (1980): Durch Nachzucht erhalten: Bartagamen. – aquarien magazin, Bornheim, 14: 86-94.

ZIMMERMANN, H. (1974): Letzte Rettung: der Kaiserschnitt, Zeitigung und Geburt der Bartagamen - *Amphibolurus barbatus*. – aquarien magazin, Bornheim, 8: 451-454.

ZOFFER, D. & T. Mazorling (1998): Bearded & Frilled Dragons. – T.F.H. Publications Inc., Neptune City, 64 S.

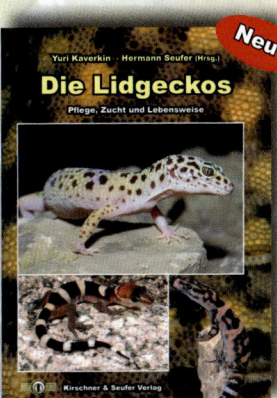